Educação a distância:
pontos e contrapontos

Dados Internacionais de Catalogação na Publicação (CIP)
(Câmara Brasileira do Livro, SP, Brasil)

Valente, José Armando
  Educação a distância : pontos e contrapontos / José Armando Valente, José Manuel Moran ; Valéria Amorim Arantes (organizadora). — São Paulo : Summus, 2011. — (Coleção pontos e contrapontos)

ISBN 978-85-323-0715-6

1. Educação a distância I. Moran, José Manuel. II. Arantes, Valéria Amorim. III. Título. IV. Série.

11-07088   CDD-371.3

Índice para catálogo sistemático:

1. Educação a distância   371.3

Compre em lugar de fotocopiar.
Cada real que você dá por um livro recompensa seus autores
e os convida a produzir mais sobre o tema;
incentiva seus editores a encomendar, traduzir e publicar
outras obras sobre o assunto;
e paga aos livreiros por estocar e levar até você livros
para a sua informação e o seu entretenimento.
Cada real que você dá pela fotocópia não autorizada de um livro
financia um crime
e ajuda a matar a produção intelectual em todo o mundo.

Educação a distância: pontos e contrapontos

José Armando Valente
José Manuel Moran

Valéria Amorim Arantes

(ORGANIZADORA)

summus
editorial

EDUCAÇÃO A DISTÂNCIA: PONTOS E CONTRAPONTOS
Copyright © 2011 by José Armando Valente,
José Manuel Moran e Valéria Amorim Arantes
Direitos desta edição reservados por Summus Editorial

Editora executiva: **Soraia Bini Cury**
Editora assistente: **Salete Del Guerra**
Capa: **Ana Lima**
Projeto gráfico: **José Rodolfo de Seixas**
Diagramação: **Acqua Estúdio Gráfico**
Impressão: **Sumago Gráfica Editorial**

Summus Editorial
Departamento editorial
Rua Itapicuru, 613 – 7º andar
05006-000 – São Paulo – SP
Fone: (11) 3872-3322
Fax: (11) 3872-7476
http://www.summus.com.br
e-mail: summus@summus.com.br

Atendimento ao consumidor
Summus Editorial
Fone: (11) 3865-9890

Vendas por atacado
Fone: (11) 3873-8638
Fax: (11) 3873-7085
e-mail: vendas@summus.com.br

Impresso no Brasil

Sumário

Apresentação – *Valéria Amorim Arantes* 7

Parte I – Educação a distância 11
José Armando Valente
José Manuel Moran

Educação a distância: criando abordagens educacionais que possibilitam a construção de conhecimento
– *José Armando Valente* 13
Introdução 13
Teorias que embasam a EaD 15
Os processos de construção de conhecimento 19
A abordagem *broadcast* 26
O "estar junto virtual" 29
A virtualização da escola tradicional 34
As características pedagógicas diferenciadas do "estar junto virtual" 37
Considerações finais 40
Referências bibliográficas 42

Desafios da educação a distância no Brasil – *José Manuel Moran*   **45**

Introdução 45
Modelos predominantes de EaD 47
Tecnologias mais utilizadas na EaD 51
Avanços nos modelos de predominância telepresencial 52
Questões para as instituições que querem atuar em EaD 55
O que é um bom curso a distância 58
Como melhorar os modelos de gestão 67
Algumas dificuldades da EaD 70
Repensando a educação a distância 75
A educação a distância nos cursos presenciais 79
Considerações finais 82
Referências bibliográficas 85

Parte II – Pontuando e contrapondo 87
José Armando Valente
José Manuel Moran

Parte III – Entre pontos e contrapontos 109
José Armando Valente
José Manuel Moran
Valéria Amorim Arantes

Apresentação

*Valéria Amorim Arantes**

O comunicado final da *2009 World Conference on Higher Education* [Conferência Mundial sobre Educação Superior], realizada pela Organização das Nações Unidas para a Educação, a Ciência e a Cultura (Unesco) em Paris – evento que reuniu representantes de mais de 150 países – defende que *a aplicação de tecnologias de informação e comunicação nos processos de ensino e de aprendizagem tem grande potencial de aumentar a qualidade, o acesso e o sucesso da educação no mundo inteiro.*

Afinal, a educação a distância e as novas modalidades de ensino e aprendizagem ampliam o acesso à educação de qualidade ou desqualificam o processo educativo? Qual o verdadeiro papel das novas tecnologias de informação e comunicação no cotidiano das escolas e dos cursos de formação profissional?

---

* Docente da Faculdade de Educação da Universidade de São Paulo.

É nesse contexto que foi concebida a presente obra, *Educação a distância*, a nona da coleção Pontos e Contrapontos, que contou com a participação dos autores José Armando Valente, professor da Universidade Estadual de Campinas (Unicamp), e José Manuel Moran, professor aposentado da Universidade de São Paulo (USP). Trata-se, pois, de um debate sobre as importantes e polêmicas questões que perpassam as complexas relações entre tecnologia e educação neste início de século.

A estrutura do livro segue a proposta de diálogo da coleção Pontos e Contrapontos, que é composta de três etapas diferentes. Na Parte I, cada autor discorre livremente sobre o tema que lhe foi solicitado, no caso deste livro sobre educação a distância (EaD).

O texto de José Armando Valente tem como ponto de partida a premissa de que uma aprendizagem efetiva, relevante e condizente com a realidade da atual configuração social se resume na mescla de duas concepções: a informação que deve ser acessada e o conhecimento que deve ser construído pelo aprendiz. Com base nisso, e com o intuito de apresentar caminhos que favoreçam tal aprendizagem, o autor revisita algumas teorias que embasam a EaD, discorre sobre os processos de construção de conhecimento segundo teorias interacionistas e, por fim, apresenta algumas abordagens de EaD e como elas podem criar oportunidades de construção de conhecimento. Valente conclui o texto refutando o uso de abordagens que privilegiam a transmissão de informação.

Para discorrer sobre a complexidade e os desafios do ensino a distância, José Manuel Moran escolheu uma trajetória que o levou a estruturar seu texto em 11 itens. No primeiro, introdutório, o autor apresenta diferentes argumentos para defender tal modalidade de ensino: superar a defasagem educacional no Brasil, conciliar estudo e trabalho, flexibilizar os tempos, espaços e relações de aprendizagem, promover uma aprendizagem mais participativa e integrada, unir conteúdo, interação, produção individual e grupal etc. Os demais itens tratam de questões da maior relevância para compreender, implantar e trabalhar com EaD: modelos predominantes, tecnologias mais utilizadas, avanços nos modelos telepresenciais, questões para as instituições que querem atuar em EaD, elementos necessários para um bom curso a distância, como melhorar os modelos de gestão, dificuldades na EaD, repensando a EaD e a educação a distância nos cursos presenciais. Para concluir o texto, Moran defende veementemente que *todas as universidades e organizações educacionais, em todos os níveis, precisam experimentar e avançar com coragem em como integrar o presencial e o virtual, garantindo a aprendizagem significativa de qualidade.*

Na segunda parte do livro – Pontuando e contrapondo –, coube a cada autor formular quatro questões sobre o texto de seu parceiro de diálogo. Nesse contexto, Valente questiona Moran sobre: o conceito de EaD por ele apresentado; a necessidade ou não de atividades presenciais; a combinação de atividades a distância e presenciais nos cursos EaD; e a viabilidade de alguns referenciais de qualidade por ele sugeridos. As questões apresentadas por Moran partem da crítica a certo esquematismo que, segundo ele, está presente nos modelos apresentados por Valente. Para Moran, tal esquematismo pode, em alguns casos, promover uma simplificação de propostas educacionais complexas que envolvem compreensão, desafio, interação. Com um olhar otimista, Moran defende que a EaD está promovendo reelaborações mais sofisticadas da escola tradicional e sugere que Valente questione as teorias de ensino e aprendizagem. Por fim, sugerindo que o texto de Valente não permite equilibrar quantidade e qualidade, indaga-o sobre a possibilidade de *educar muita gente ao mesmo tempo com qualidade*.

Na terceira e última parte do livro – Entre pontos e contrapontos –, na qualidade de coordenadora da obra e mediadora do diálogo, apresento quatro questões comuns aos dois autores. Além de retomar alguns aspectos já tratados por eles (especialmente sobre o construtivismo e os processos de interação e cooperação em EaD), questionei-os sobre: a formação de professores; as melhores ferramentas para o trabalho em equipe; o sistema de avaliação; o lugar da educação a distância na ampliação do acesso ao ensino superior; e a aproximação entre o conceito de aprendizagem baseada em problemas (ABP) e a educação a distância.

Com este livro, esperamos contribuir para o debate e para a construção de novas práticas na educação a distância, visando aumentar a qualidade, o acesso e o sucesso da educação brasileira.

PARTE I
Educação a distância

José Armando Valente
José Manuel Moran

Educação a distância: criando abordagens educacionais que possibilitam a construção de conhecimento

José Armando Valente

Introdução

A memorização da informação e a construção de conhecimento fazem parte do processo de aprender. Porém, uma formação totalmente baseada na memorização já não é capaz de preparar pessoas para atuarem e sobreviverem na sociedade do conhecimento. Hoje, além de possuir a informação, é necessário desenvolver competências, que são impossíveis de ser simplesmente memorizadas. Essas competências devem ser construídas por cada aprendiz na interação com objetos e com pessoas que coabitam o seu cotidiano.

Assim, a questão da aprendizagem efetiva, relevante e condizente com a realidade da atual configuração social, se resume na composição de duas concepções: a informação que deve ser acessada e o conhecimento que deve ser construído pelo aprendiz. O desafio da Educação, de modo geral, e da Educação a Distância (EaD), em particular, está em criar condições para que a aprendizagem ocorra baseada nessas duas concepções. Isso implica a elaboração de diferentes abordagens de EaD, contemplando tanto a transmissão de informação como a construção de conhecimento.

No entanto, a maior parte das atividades e dos cursos que usam a abordagem de EaD tem privilegiado a transmissão de informação. Ações que criam oportunidades de construção de conhecimento praticamente inexistem.

As teorias de aprendizagem baseadas no interacionismo afirmam que a construção de conhecimento não necessariamente acontece como fruto do autodidatismo, da ação isolada do aprendiz – ele diante do material de apoio ou de uma tela de computador. Para que essa construção ocorra é necessária a interação entre o aprendiz e outras pessoas, que o auxiliem no processo de compreender o que está sendo realizado, possibilitando, assim, novos conhecimentos.

Contudo, o que acontece é uma grande confusão e, de certo modo, uma falta de compreensão das questões sobre aprendizagem, que acabam por criar ações educacionais ou cursos a distância que prometem o que não têm condições de cumprir. Por exemplo, cursos que adotam a abordagem da transmissão de informação e utilizam na sua justificativa temas como construção de conhecimento ou o aprender a aprender. Ou mesmo teorias de EaD que propõem o estudo independente, o uso da EaD na industrialização do ensino. Certamente esses cursos poderão apresentar resultados educacionais importantes, sendo melhor que não oferecer nada. Porém, é muito difícil que eles preparem indivíduos para sobreviverem na sociedade do conhecimento.

Neste artigo, apresentamos a revisão de algumas teorias que embasam a EaD, uma breve visão de como o conhecimento é construído segundo as teorias interacionistas, as diferentes abordagens de EaD e como elas propiciam oportunidades de construção de conhecimento. Os objetivos são mostrar que a EaD pode ir além da transmissão de informação ou mesmo do modelo tradicional de ensino, e criar novas oportunidades de aprendizagem que privilegiem os processos de construção de conhecimento.

Teorias que embasam a EaD

Diversos autores têm procurado caracterizar a EaD, explicitando alguns aspectos que são mais críticos e mais contribuem para as diferentes formas de ensino e aprendizagem que acontecem na EaD (Moore, 1994).

Em seu livro *The foundations of distance education*, Keegan (1996) classificou as teorias de EaD em três grupos:

- Teorias de independência e autonomia.
- Teorias de industrialização do ensino.
- Teorias de interação e comunicação.

A análise dessas teorias mostra que há uma evolução do papel da relação entre o aprendiz e o professor, e entre os aprendizes.

Uma primeira proposta foi a de considerar o aprendiz ou a aprendizagem independentes, e mais recentemente são sugeridas situações de relacionamento constante entre o aprendiz e os professores e colegas.

O conceito de aprendiz e de aprendizagem independentes foi proposto por Wedemeyer. Ele usou o termo "estudo independente" para descrever a educação a distância que acontece no ensino superior, consistindo em diferentes processos de ensino e de aprendizagem, nos quais professores e alunos desenvolvem suas atividades e responsabilidades de modo separado, usando variadas formas para comunicar-se entre si. A ideia era criar um sistema educacional mais liberal e democrático, a fim de liberar os alunos do *campus* das aulas presenciais e propiciar oportunidades de educação continuada aos alunos externos ao *campus* (Wedemeyer, 1977).

Moore, influenciado pelas conclusões de Wedemeyer, estudou a questão da autonomia. Moore (1993) observou que o aluno, pelo fato de estar só, separado do professor, tem de aceitar, comparativamente, um grau maior de responsabilidade na condução das suas atividades educacionais. Assim, alunos com maior grau de autonomia conseguem progredir sem precisar de admoestação e com pouca necessidade de orientação. Nesse sentido, os alunos podem ter diferentes graus de autonomia quanto à determinação de objetivos, aos métodos de estudo e ao processo de avaliação de sua aprendizagem. Com a possibilidade de uso das tecnologias de informação e comunicação (TIC) na EaD, Moore (1993) adaptou sua teoria para o que ele denominou de "Teoria da distância transacional", que estabelece uma relação entre a estrutura dos programas educacionais, a interação entre alunos e professores e a natureza e o grau de autonomia do aluno. Segundo essa teoria, quanto maior for o diálogo, mais flexível for a estrutura de um curso, mais autonomia tiver o aluno, menor será a distância transacional.

A industrialização do ensino foi proposta por Peters, que desenvolveu uma teoria sobre educação a distância como forma industrializada do ensino e da aprendizagem. Esse autor foca sua análise na capacidade da instituição de gerar meios para o desenvolvimento de atividades educacionais. Ele observou que o fato de as universidades que oferecem educação a distância estarem trabalhando com dezenas de milhares de alunos exige uma concepção de formação em massa, que, para ser efetiva, deve ser baseada em princípios da divisão do trabalho, da mecanização e da automação. Ele propôs uma didática do ensino a distância (Peters, 2001) para auxiliar na análise dos diferentes aspectos das atividades de EaD. Uma de suas conclusões é que a possibilidade de aplicar tecnologias aos processos de ensino e de aprendizagem pode criar meios para atingir resultados ainda melhores, e que o planejamento sistemático e a racionalização dos meios educacionais deverão contribuir ainda mais para atingir a eficiência econômica e educacional.

A teoria de EaD proposta por Holmberg (1995), denominada de "Conversação didática guiada", pertence à categoria geral da Teoria da interação e comunicação. Esse autor observou que o mais importante em EaD é a aprendizagem individualizada que cada aluno realiza. Ele afirma que gostaria de ver sistemas nos quais os alunos pudessem progredir no seu próprio ritmo, com escolha livre das datas de avaliação e com uma grande quantidade de comunicação de mão dupla para atividades de tutoria e retorno dos professores e colegas. A proposta de Holmberg procura relacionar a efetividade do ensino com alguns aspectos das atividades de EaD, como os sentimentos de pertencimento e cooperação, e a troca real de perguntas, respostas e argumentação que acontece na comunicação mediada. O autor denominou de "conversação didática" a relação que o aluno estabelece com a organização que dá suporte às atividades de EaD. Nesse sentido, a EaD é vista como uma conversação didática guiada que objetiva a aprendizagem. Esta deverá ser facilitada pela presença de traços típicos de uma conversação bem-sucedida.

Holmberg está consciente de que a EaD pode cobrir um amplo espectro de possibilidades educacionais, desde o desenvolvimento de estruturas cognitivas até o treinamento de profissionais. Isso implica a criação de situações de aprendizagem que vão desde a construção de conhecimento até a transmissão de informação. No entanto, ele entende que a memorização de fatos, sem levar em conta os propósitos, as relações lógicas e as razões desses fatos, é considerada relativamente pouco interessante. Ele usa as teorias de Ausubel sobre a aprendizagem significativa como base para propor estruturas de cursos de EaD que ele tem como seu objetivo final (Holmberg, 1995, p. 32). Uns dos princípios que ele propõe é o envolvimento dos aprendizes em atividades intelectuais que os fazem experimentar ideias, refletir, comparar e aplicar o julgamento crítico sobre o que é estudado. Para tanto, ele sugere a conversação didática guiada como meio de operacionalizar e implementar cursos que tenham essas características.

O problema com a proposta de Holmberg é que ela está especificamente dirigida para o aspecto comunicacional que se estabelece na relação do aprendiz com o curso. A ênfase da sua teoria recai na maneira como o conteúdo do curso é apresentado, no estabelecimento de uma boa relação de conversação entre o aprendiz e o tutor, na criação de uma estrutura administrativa que dê suporte adequado ao desenvolvimento do curso e na escolha dos meios mais apropriados para que o aprendiz possa usufruir da relação com o tutor e com o suporte administrativo do curso. No entanto, além do aspecto comunicacional, que definitivamente deve estar presente, é fundamental considerar também os aspectos relacionados aos processos de construção de conhecimento e avaliar como as diferentes abordagens de EaD favorecem ou não esses processos.

Os processos de construção de conhecimento

A concepção do interacionismo é baseada nas ideias de Kant, que propôs o conceito de "interação" para resolver o impasse entre as visões empiristas e racionalistas que explicavam como desenvolvemos os conceitos em nossas mentes. Para Kant, o conhecimento é fruto da interação sujeito-objeto, não procedendo da experiência, mas iniciado a partir dela (Matui, 1995). Embora Kant tenha proposto a ideia de interação, ele não mostrou como as ideias da razão atuam sobre a experiência, estruturando-a e, com isso, construindo os conceitos. Isso foi realizado por Jean Piaget nas suas pesquisas sobre epistemologia genética de maneira consciente, como indicado em um de seus textos, citado na obra de Ramozzi-Chiarottino (1984, p. 29).

Nas suas investigações, Piaget identificou três tipos de conhecimento que um indivíduo constrói: conhecimento físico (construído pela ação direta do sujeito sobre o objeto), conhecimento lógico-matemático (fruto da reflexão sobre as informações coletadas no nível prático, gerando a conceituação) e conhecimento social-

-arbitrário (formado na interação com outras pessoas na sociedade) (Matui, 1995). No entanto, é o desenvolvimento dos conceitos lógico-matemáticos que tem recebido maior atenção dos processos de ensino e de aprendizagem, uma vez que eles dependem de muita abstração, e seu desenvolvimento deve ser auxiliado por educadores.

Distinção semelhante é apresentada por Vygotsky (1986) sobre a formação de conceitos. Ele difere os conceitos espontâneos dos científicos, sendo os primeiros desenvolvidos a partir da experiência do indivíduo com o mundo em que vive e com as formas de organização dele, impostas pela sociedade; e os científicos, a partir dos espontâneos, porém dependendo fundamentalmente da interação social, sobretudo da escola.

Uma primeira observação sobre essas ideias é a diferenciação entre o conhecimento, que é construído de maneira espontânea, entendida por Piaget e Vygotsky como relacionada ao desenvolvimento das funções mentais, e a aprendizagem. Segundo esses autores, a aprendizagem é diferente do desenvolvimento, no sentido de ser provocada por situações criadas por especialistas, como educadores, ou por ambientes devidamente preparados para auxiliar o aluno a construir determinados conhecimentos. O que o aluno consegue aprender nessas situações criadas depende do seu desenvolvimento mental.

Para Piaget, o desenvolvimento de conceitos espontâneos, ou mesmo de algum tipo de conhecimento lógico-matemático ou social-arbitrário, pode ser conseguido por meio da abstração, dividida em empírica e reflexionante (Piaget, 1995; Mantoan, 1994). A abstração empírica é a mais simples, permitindo ao aprendiz extrair informações do objeto, tais como a cor, o peso e a textura. Por exemplo, o aprendiz pode não gostar da cor de um desenho produzido e alterá-la.

A abstração reflexionante permite ao aprendiz retirar qualidades das ações e das coordenações das ações que ele realiza, portanto algo que vai além do observado, que é inferido. Essa abstração pode ser dividida em pseudoempírica e refletida. A primeira permite ao sujeito deduzir algum conhecimento da sua ação ou do objeto. Por exemplo, entender que uma figura não é um quadrado pelo fato de não ter quatro lados iguais.

Assim, tanto as abstrações empíricas quanto as pseudoempíricas permitem ao aprendiz depreender uma ou mais propriedades daquilo com o que está interagindo. Porém, o aprendiz ainda está muito dependente do resultado empírico obtido. Mudanças conceituais e construção de novos conhecimentos são frutos da abstração reflexionante. Esse tipo de abstração, segundo Piaget (1995), engloba dois aspectos inseparáveis: um definido como reflexionamento, que consiste em projetar (como em um refletor) sobre um patamar superior aquilo que é extraído de um patamar inferior; o outro, que Piaget definiu como reflexão, é um ato mental de reconstrução ou reorganização sobre o patamar superior daquilo que é retirado e projetado do patamar inferior. Nesse sentido, as informações provenientes das abstrações empírica e pseudoempírica podem ser projetadas para níveis superiores do pensamento e reorganizadas para produzir novos conhecimentos.

> [...] a reflexão enriquece notavelmente o conhecimento extraído. O resultado de uma abstração reflexionante é uma nova forma de conhecimento ou instrumento de pensamento. Esse ato criador pode conduzir a dois resultados, segundo Piaget: ou ele cria

um novo esquema (instrumento de conhecimento) por diferenciação, ou ele conduz à "objetivação" de um processo de coordenação de atividades – o que era instrumento de pensamento torna-se objeto de pensamento e alarga o campo de consciência do sujeito. Vê-se, portanto, que o processo constrói tanto formas ou estruturas de raciocínio como noções (estando ambas pouco diferenciadas, na teoria de Piaget, provavelmente por ter ele insistido na natureza ativa do conhecimento). (Montangero e Maurice-Naville, 1998, p. 93)

A Figura 1a ilustra o fato de a interação com a realidade (objetos e pessoas) permitir ao aprendiz assimilar, por intermédio das abstrações empírica e pseudoempírica, conhecimentos C_1 e C_2, que o desequilibram no sentido que ele não consegue entender completamente. Na Figura 1b, o aprendiz, por meio da abstração reflexionante, consegue construir, a partir dos conhecimentos C_1 e C_2, que se encontram em um patamar inferior, um novo conhecimento C, que está em um patamar superior.

Figura 1a
Na interação com a realidade R, o sujeito consegue retirar os conhecimentos C_1 e C_2, que são insuficientes para resolver problemas da realidade R.

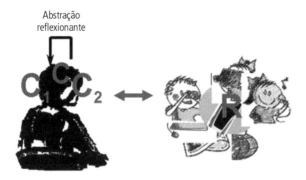

Figura 1b
Por intermédio da abstração reflexionante, os conhecimentos C_1 e C_2 são coordenados, gerando um novo conhecimento C, em um patamar superior.

Quando os conceitos assumem um caráter científico, ou lógico-matemático, para que o aprendiz possa desenvolvê-los é necessário o auxílio de pessoas mais experientes, que entendam como promover a aprendizagem e trabalhar o conteúdo. Vygotsky se preocupou em estudar como propiciar meios para a construção de conhecimento. Ele faz uma distinção importante entre o desenvolvimento efetivo ou real, entendido como todo o conhecimento que o aprendiz construiu e passa a ser condição para a aprendizagem, e o desenvolvimento potencial, que é o que o aprendiz pode alcançar em termos de um processo de "ensino e aprendizagem" – entendido aqui como a tradução literal do termo russo *obuchenie*, que envolve o aprendiz, o que ensina e a relação entre esses pares (Matui, 1995). Portanto, aprendizagem é o que permite a passagem do nível de desenvolvimento real para o do desenvolvimento potencial. Entre esses dois níveis, encontra-se a área ou zona de desenvolvimento proximal (ZDP), na qual devem atuar as ações de ensino, já que "o único bom ensino é o que adianta ao desenvolvimento" (Matui, 1995, p. 121). Assim, para o educador ser efetivo, ele deve atuar na ZDP, auxiliando o aprendiz na passagem do desenvolvimento real para o potencial.

Assim, a ideia da construção de conhecimento pode ser aprimorada por professores preparados para ajudar os alunos (Piaget, 1998), ou, como propõe Vygotsky (1986), por intermédio de pessoas com mais experiência para auxiliar na formalização de conceitos convencionados historicamente. Sem a presença de um educador, seria preciso que o aprendiz recriasse essas convenções.

Outro fator importante na concepção interacionista é o próprio conceito de interação que se estabelece entre o professor e o aprendiz, ou mesmo entre este e os objetos. A interação não significa simplesmente um ato social de o professor relacionar-se com o aluno. A interação, segundo Piaget, envolve os dois polos – professor e aluno. O professor pode criar situações ou agir com o aluno da maneira mais adequada possível; se o aluno não reagir, não responder a essa ação do professor, não houve interação. Do mesmo modo, se na relação com os objetos o sujeito assimilou algo que não o desafiou a modificar seu nível de conhecimento, não ocorreu interação. O objeto não "agiu" sobre o sujeito, no sentido de desafiá-lo a se modificar, de coordenar os conhecimentos existentes para a construção de novos conhecimentos (Becker, 2009).

No entanto, a interação com as pessoas e com os objetos do meio tem sido substituída por "acesso" à informação, usando para isso, por exemplo, os recursos tecnológicos. O simples fato de o aluno navegar na *web* tem sido entendido como uma oportunidade de interagir com a informação e, consequentemente, de construir conhecimento. Por outro lado, o desenvolvimento das TIC tem propiciado recursos que possibilitam uma verdadeira interação entre professor e alunos, e entre estes, originando o que temos denominado de "estar junto virtual", descrito mais adiante. O espaço físico está dando lugar ao desenvolvimento de outro espaço, como o ciberespaço (Levy, 1998) ou a constituição das redes de aprendizagem – *learning network* (Harasim et al., 1995) – em que todos, aprendizes e professor, estão interagindo, cooperando e aprendendo juntos.

Como afirma Moran (2007), existem diferentes modelos educacionais que podem ser adotados na EaD. Para efeito do presente artigo, o conceito de interação será utilizado para caracterizar as variadas abordagens que são utilizadas na EaD. Dependendo do nível de interação que se estabelece entre professor e aprendiz, e entre aprendizes, é possível caracterizar essas abordagens, que variam em um contínuo. Em um extremo está a *broadcast*, que usa os meios tecnológicos para enviar a informação ao aprendiz, não existindo nenhuma interação aprendiz-professor.

No outro extremo, está o suporte ao processo de construção de conhecimento por intermédio das facilidades de comunicação, denominado de "estar junto virtual", que prevê um alto grau de interação entre professor e alunos, que estão em espaços diferentes, porém interagindo via internet. Uma abordagem intermediária é a implementação da "escola virtual", que nada mais é do que o uso de tecnologias para criar a versão virtual da escola tradicional, com alguma interação aprendiz-professor. A seguir, serão descritas essas abordagens, procurando relacioná-las com as diferentes concepções de aprendizagem, o papel do professor e a tecnologia utilizada em cada uma delas.

VALÉRIA AMORIM ARANTES (ORG.)

A abordagem *broadcast*

Essa abordagem de EaD usa um dos mais eficientes recursos oferecidos pelos computadores, a qual se baseia em sofisticados mecanismos de busca que permitem encontrar, de modo muito rápido, a informação existente em bancos de dados, em CD-ROMs e mesmo na *web*. Essa informação pode ser um fato isolado ou organizado na forma de um tutorial sobre determinado tópico disciplinar.

No caso dos tutoriais, a informação é organizada de acordo com uma sequência pedagógica. A partir disso, essa informação é enviada ao aluno, utilizando-se meios tecnológicos, ou o próprio aluno pode acessá-la usando recursos digitais, como o CD-ROM e a internet. O papel do aluno é seguir essa sequência ou escolher a informação que desejar. Em geral, nos *softwares* que permitem escolha, as informações são organizadas na forma de hipertextos (textos interligados), e passar de um hipertexto para outro constitui a ação de "navegar" no *software*.

Seja seguindo uma sequência predeterminada seja podendo escolher o caminho a ser seguido, existe uma organização previamente definida da informação. A relação entre o aprendiz e o computador consiste na leitura da tela (ou escuta da informação fornecida), no avanço na sequência de informação, na escolha de informação e/ou na resposta de perguntas que são fornecidas ao sistema. O uso da internet e, mais especificamente, dos *sites* educacionais da *web* como fonte de informação não é muito diferenciado do que acontece com os tutoriais. Claro que, no caso da *web*, existem outras facilidades, como a combinação de textos, imagens, animações, sons e vídeos que tornam a informação bem mais atraente. Porém, a ação que o aprendiz realiza é a de escolher entre opções oferecidas.

O ponto principal nessa abordagem é que não existe nenhuma interação entre professor e aluno, e mesmo entre alunos. Isso não faz parte da proposta pedagógica nem é incentivado. O professor não interage com o aluno, não recebe nenhum retorno deste e, portanto, não tem ideia de como essa informação está sendo compreendida ou assimilada pelo aprendiz. Ele não tem meios para verificar o que o aprendiz faz nem como auxiliá-lo na sua aprendizagem. A Figura 2 ilustra a abordagem *broadcast*.

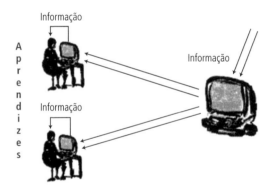

Figura 2
Abordagem *broadcast* de EaD.

Uma vez que não existe a interação com o professor, a ênfase dessa abordagem recai no material instrucional e nos recursos de entrega dessa informação ao aprendiz. Para a elaboração do material instrucional são montadas equipes que tratam dos conteúdos, do *design* e da estruturação do material em hipertextos para a *web*, já que esse material é o único meio com o qual o aluno deve se relacionar. Nesse caso, o aprendiz poderá usar essa situação e conseguir construir conhecimento se ele for capaz de estabelecer uma interação com o material fornecido, no sentido de esse material conseguir desafiá-lo a se modificar. Como mencionado por Landim (1997), isso cria enormes dificuldades, pois é necessário considerar as diversidades psicológicas, sociológicas, culturais e históricas dos diferentes usuários desse material, e nem sempre é possível atingir a maioria dos alunos envolvidos. Alguns podem construir conhecimento a partir do material; outros, não.

Além do material de apoio são gastos muitos recursos e energia no processo de veiculação da informação, como sistemas de teleconferência ou videoconferência, elaboração de portais ou mesmo de plataformas de educação a distância. Mas nada disso substitui a interação professor-aprendiz, nos moldes do que foi tratado anteriormente. Portanto, não há como garantir que o aprendiz compreenda o que recebeu, nem como avaliar se houve construção de conhecimento.

Entretanto, essa abordagem é bastante eficiente na disseminação da informação para um grande número de pessoas, uma vez que a informação organizada pode ser "entregue" a inúmeras pessoas simultaneamente. Considerando o poder de disseminação que essa abordagem oferece, ela tem sido vista como uma possibilidade de solução para o problema da educação em nosso país: espalha-se a informação para milhares de pessoas e espera-se que ela seja processada, convertida em conhecimento e, com isso, propicie uma educação que prepare cidadãos para sobreviverem na sociedade atual.

Uma iniciativa nessa direção, porém usando os recursos da televisão, foi o Telecurso 2000 (Falcão, 1998). Para minimizar a questão da falta de interação com o professor, as ações educacionais eram complementadas em telepostos, que desempenhavam diversas funções: ser ponto avançado de reentrega da informação, para dispor de mais informação; ser ponto de avaliação presencial, exigido no processo de certificação; ou servir como local onde os alunos pudessem receber auxílio no processo de significação da informação recebida e, nesse sentido, contribuir para o processo de construção de conhecimento desses alunos. Entretanto, neste último caso, os profissionais que trabalham nesses postos devem estar preparados para interagir com os alunos nos moldes tradicionais, conhecendo-os, propondo desafios e auxiliando-os a compreender o que fazem.

Se não existirem pessoas que possam auxiliar no processo de construção de conhecimento, os postos avançados, que são montados para dar suporte ao processo de entrega da informação, cumprem outra função. Na verdade, esse tem sido um dos problemas da abordagem *broadcast*: monta-se uma infraestrutura sofisticada, usando a internet, recursos de teleconferência, materiais de apoio bem elaborados e postos de suporte. Porém, o que é realizado, do ponto de vista pedagógico, é pobre, limitando-se à transmissão de informação. E, como mencionamos na introdução deste texto, não existe nada contrário à adoção de soluções educacionais que se limitam à transmissão de informação. O inaceitável é afirmar que essa educação possa preparar cidadãos capazes de sobreviver e aproveitar os sofisticados recursos existentes na atual sociedade do conhecimento.

O "estar junto virtual"

No outro extremo, com relação ao grau de interação entre professor e aprendizes, e entre aprendizes, encontra-se a abordagem do "estar junto virtual". O advento da internet criou meios para que essas interações sejam intensas, permitindo o acompanhamento do aluno e a criação de condições para o professor "estar junto", ao lado do aluno, vivenciando e auxiliando-o a resolver seus problemas, porém virtualmente. Essa mesma abordagem tem sido denominada por Harasim de *learning network* (Harasim *et al.*, 1995).

As interações que acontecem via internet têm como objetivo a realização de ciclos de ações, facilitando o processo de construção de conhecimento (Valente, 2002). Essas interações permitem o acompanhamento e o assessoramento constante do aprendiz, no sentido de entender o seu interesse e o nível de conhecimento sobre determinado assunto e, a partir disso, ser capaz de propor desafios e auxiliá-lo a atribuir significado ao que está realizando. Nessa situação, ele consegue processar as informações, aplicando-as, transformando-as, buscando outras informações e, assim, construindo novos conhecimentos.

Para a implantação dessa abordagem de EaD é preciso que o aluno esteja engajado na resolução de um problema ou projeto. Assim, diante de alguma dificuldade ou dúvida, ela pode ser resolvida com o suporte do professor, que o auxiliará via rede. O aluno age, produzindo resultados que podem servir como objeto de reflexões. Essas reflexões podem gerar indagações e problemas, e o aluno talvez não tenha condições para resolvê-los. Nessa situação, ele pode enviar para o professor as questões ou uma breve descrição do que ocorre. O professor reflete sobre as questões solicitadas e envia sua opinião, ou material, na forma de textos, imagens ou exemplos de atividades que poderão ajudar o aluno a resolver seus problemas. O aluno recebe essas ideias e tenta colocá-las em prática, podendo gerar novas dúvidas, que poderão ser resolvidas com o suporte do professor. Com isso, estabelece-se um ciclo de ações que mantém o aluno no processo de realização de atividades inovadoras, gerando conhecimento sobre como desenvolver essas ações, porém com o suporte do professor.

Esse tipo de interação ocorre com cada um dos alunos que participa do curso, podendo estar relacionado com o mesmo assunto e envolver diferentes níveis de conhecimento. Não é necessário estabelecer o mesmo grau de interação e sobre o mesmo assunto com cada um dos aprendizes.

A interação também pode acontecer entre os aprendizes, um auxiliando o outro com o conhecimento que possui. Nesse caso, estabelece-se uma verdadeira rede de aprendizes, inclusive com a participação do professor, que pode estar aprendendo ao mesmo tempo que tem o papel de manter o ciclo de ações funcionando com cada um dos aprendizes. Assim, a internet propicia as condições para o professor "estar junto" de cada aluno, auxiliando no seu processo de construção do conhecimento, como ilustrado na Figura 3:

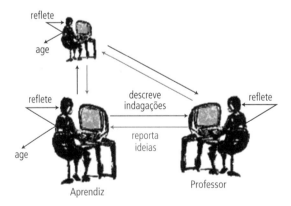

Figura 3
Ciclo de ações que se estabelece na interação aluno-professor, no "estar junto virtual".

Embora essa abordagem permita a implantação do processo de construção de conhecimento via rede, ela é uma solução que apresenta certas limitações, comparada com outras abordagens. Primeiro, para manter o nível de interação desejável, o professor não consegue atender mais que 20 alunos. A experiência tem mostrado que esse é um número adequado de alunos por professor e esse dado é confirmado por outros autores (Harasim *et al.*, 1995). No entanto, alguns mecanismos podem ser adotados para contornar essa limitação. Segundo, é necessário ter uma equipe que auxilie o professor a entender o que está acontecendo, monitorando atividades dos alunos, e ajude a desenvolver material, sob demanda, para ser enviado aos alunos. Terceiro, essa abordagem implica mudanças profundas no processo educacional. Mesmo a educação presencial ainda não foi capaz de implementar tais mudanças. Contudo, essa abordagem utiliza a internet de maneira mais eficiente, explorando as verdadeiras potencialidades dessa nova tecnologia, e se apresenta como um recurso que pode facilitar o processo de mudanças na educação (Valente, 1999, 2008).

Na abordagem do "estar junto virtual", o professor tem a função de criar circunstâncias que auxiliem o aluno na construção do seu conhecimento. Isso acontece porque o docente tem a chance de participar das atividades de planejamento, observação, reflexão e análise do trabalho que o aluno está realizando. Isso lhe permite interagir com o aluno, fornecendo informação ou desafiando-o, fazendo que o ciclo de ações aconteça e o aluno possa gradativamente vencer etapas na resolução do problema ou projeto em execução. A prática do aluno cria condições para que ele realize as abstrações reflexionantes e, com isso, construa novos conhecimentos. O professor pode ajudar o aluno na formalização de conceitos, de modo que ele possa praticar a teoria e teorizar a prática (Almeida, 2004). É por intermédio desse ciclo de ações que o professor passa a conhecer o aprendiz e pode criar oportunidades para auxiliá-lo na construção de novos conhecimentos.

Assim, a alternativa de aprendizagem criada nessa situação está calcada na interação professor-aluno e entre os alunos, e o material de apoio tem a função de complementar ou suprir necessidades teóricas para a compreensão da prática. O material de apoio nesse caso é menos instrucional e mais de referência. A dificuldade é poder dispor das referências impressas, como livros e artigos, em forma digital, para que possam ser disponibilizadas e consultadas pelo aluno. Aqui esbarramos em questões éticas que são fundamentais para tornar esse material de apoio disponível na internet.

Outro ponto importante nessa abordagem é a interação que se estabelece entre os alunos. Em um primeiro momento, ela é sempre entre professor e aluno. Porém, à medida que as atividades acontecem, é possível identificar entre os alunos especialistas em assuntos que nem mesmo o professor domina. Esses alunos passam a auxiliar os colegas e, nessas circunstâncias, cria-se a oportunidade da formação de uma rede, cada um colaborando com os seus potenciais e cooperando entre si. Por essa razão, Harasim e colaboradores (1995) denominam essa abordagem de *learning network*.

A implementação do "estar junto virtual" pode ser feita por meio de ambientes de aprendizagem de EaD que apresentam recursos para facilitar a interação, como acontece no ambiente TelEduc (Rocha, 2002). No entanto, o que difere essa abordagem das abordagens *broadcast* e virtualização da escola tradicional (que será descrita em seguida) não é tanto o recurso tecnológico utilizado, mas a quantidade e a qualidade das interações entre o professor e os alunos, e entre estes. Nesse sentido, quanto mais recursos tecnológicos o professor e os alunos tiverem à disposição para facilitar essas interações, mais efetivos e ricos poderão ser os ambientes de aprendizagem criados por esses pares.

A virtualização da escola tradicional

Essa abordagem de EaD, como já foi mencionada, ocupa uma posição intermediária entre a abordagem *broadcast* e o "estar junto virtual", pois prevê algum tipo de relação entre professor e aprendizes. É uma tentativa de implementar, usando meios tecnológicos, cursos ou ações educacionais que são muito semelhantes ao ensino tradicional. Essas ações, na maioria das vezes, são centradas no professor, que detém a informação e a passa ao aprendiz. Como acontece na sala de aula tradicional, essa abordagem prevê mecanismos de relacionamento entre o aluno e o professor, mediado pela tecnologia.

Na virtualização da escola tradicional, o professor passa a informação ao aluno, que a recebe e pode simplesmente armazená-la ou processá-la, convertendo-a em conhecimento. Para verificar se a informação foi ou não processada, o professor pode apresentar ao aprendiz situações-problema, em que ele é obrigado a usar as informações fornecidas. No entanto, na maioria das vezes, a relação professor-aluno resume-se em o docente verificar se o aprendiz consegue usar a informação fornecida, exigindo deste uma aplicação dela em um domínio muito restrito, como um teste, uma prova ou a resolução de um problema.

Nessa abordagem de EaD, o professor tem a função de elaborar e tornar disponível o material de apoio, bem como as atividades a serem realizadas, e receber algum tipo de resposta de cada um dos alunos. Dependendo do que o aluno envia, o professor pode registrar o recebimento da tarefa, corrigi-la e fornecer um *feedback* na forma de um conceito (nota). Portanto, a relação ocorre no sentido de verificar se o aluno cumpriu tarefas previamente estabelecidas que, em geral, não são suficientes para auxiliá-lo no processo de construção de conhecimento. Para que isso acontecesse, seria preciso que o professor interagisse com o aluno, solicitando que ele refizesse a tarefa. Nesse caso, o professor tem de assumir um papel mais ativo, como acontece no "estar junto virtual", contribuindo para um processo que auxilie o aluno na construção do seu conhecimento. É possível que essa relação aconteça com alguns alunos e realmente se estabeleça uma interação professor-aluno. Porém, o número de alunos atendidos nas situações concretas de implementação dessa abordagem geralmente é grande, tornando inviável até mesmo a pouca interação que pode existir entre professor e aluno. Nessas circunstâncias, pode ser que o aluno esteja construindo conhecimento como fruto dos processos de abstração reflexionante, mas o professor não tem meios de saber o que o aluno está realizando. Além disso, sem a interação, o aluno não tem estímulo para trabalhar em situações criadas especificamente para que ele processe e atribua significado ao que está fazendo.

Por essas razões essa abordagem é caracterizada como a virtualização do ensino tradicional e, nesse sentido, ela apresenta mais desvantagens que virtudes em comparação ao ensino tradicional presencial. A versão virtual fica aquém, pois sem a relação presencial perde-se a oportunidade do diálogo e da troca gestual, que normalmente acontece em sala de aula. A única vantagem real é a diminuição de custos, pois na "escola virtual" não há paredes.

Além disso, o aluno pode estudar de acordo com o seu tempo disponível. No entanto, essa abordagem, em geral, é apresentada, equivocadamente, como uma possibilidade de construção de conhecimento e preparação de um aprendiz autônomo, criativo e capaz de aprender continuamente.

Essa abordagem de educação a distância tem norteado a maior parte dos cursos ou ações educacionais que são encontrados na *web*. A sua implementação geralmente é feita por intermédio de bons materiais de apoio, quase sempre elaborados por especialistas, que os preparam especificamente para as situações propostas. Essas ações acontecem em sistemas computacionais, que procuram integrar recursos como *e-mail*, fórum para discussão, mural eletrônico e videoconferência, criando o que tem sido denominado de ambientes de educação a distância (Penta, 2008).

Esses ambientes estão ficando cada vez mais sofisticados e têm sido construídos com a preocupação de facilitar o processo de acesso e recuperação da informação. Em muitos casos, essa implementação é feita tentando reproduzir o ambiente da escola tradicional, de modo que o aluno possa se "sentir em casa", como a existência da "biblioteca", onde é possível encontrar os materiais de apoio; da "sala de aula", em que se dá o encontro dos alunos; e do "café", onde os alunos podem trocar informações fora do contexto meramente acadêmico. Alguns ambientes chegam a implementar mecanismos de segurança para que a tarefa de um aluno não possa ser vista pelos demais, evitando a cola; ou podem prever certa colaboração entre colegas na realização de atividades em grupo. Porém, o modelo ainda é a escola tradicional e muito pouco existe em termos de recursos que facilitem a interação professor–aluno ou mesmo entre alunos.

A prática dessa abordagem tem utilizado soluções que demonstram muita competência e certo profissionalismo – a impressão é de algo realmente eficiente do ponto de vista educacional, o que acaba dificultando a análise dos ambientes e da efetividade da proposta educacional utilizada. Aparentemente é tudo muito bom. Porém, é justamente a dinâmica de funcionamento do curso ou da ação educacional que permite entender os objetivos pedagógicos – se a ênfase está na transmissão de informação ou na construção de conhecimento. E, em geral, todo o aparato tecnológico serve para facilitar o processo de transmissão e poucas iniciativas tendem a auxiliar na construção de conhecimento. Como foi dito anteriormente, para que possa existir essa construção, é preciso que haja a intervenção do professor, muita interação e um atendimento quase que individualizado ao aluno.

As características pedagógicas diferenciadas do "estar junto virtual"

A abordagem do "estar junto virtual" foi utilizada em diversos cursos de formação de educadores, como na formação de professores multiplicadores do ProInfo, para atuarem nos Núcleos de Tecnologia Educacional (NTEs) ou adotarem a informática em sua prática pedagógica (Prado e Valente, 2002, 2003; Valente; Prado e Almeida, 2005, Valente e Almeida, 2007). Essas experiências têm demonstrado que essa abordagem de EaD tem características pedagógicas diferenciadas, que seriam muito difíceis de ser implementadas em uma situação educacional totalmente presencial.

Primeiro, ela permite trazer para o curso o contexto da realidade do aprendiz. Isso acontece quando cada aprendiz apresenta e discute os resultados da implantação, em sua prática pedagógica, de ideias que são trabalhadas no curso. Em todos os cursos realizados, fazia parte da estratégia pedagógica adotada que os educadores trabalhassem com seus alunos, em sala de aula, colocando em prática o que estavam aprendendo. Os resultados obtidos por esse trabalho e as reflexões que aconteciam no presencial eram trocados e disseminados via ambiente virtual.

Nos cursos presenciais é possível usar a realidade dos participantes como objeto de reflexão. Porém, é impossível usar o resultado da implantação dos conteúdos do próprio curso na realidade de cada um, já que este aprendiz, em geral, não está no seu ambiente de trabalho, para poder testar e experimentar as novas aprendizagens. O aluno, no seu contexto de trabalho, pode fazer essas implementações e os resultados podem servir para reflexão e depuração, ambas realizadas durante o curso.

Segundo, a interação entre o professor e o aprendiz é mediada pela escrita, exigindo a documentação das reflexões realizadas, contribuindo para o seu aprofundamento, em um nível muito maior do que se a interação se desse oralmente, como acontece em uma sala de aula tradicional. Como mostra o trabalho de Prado (2003), a troca via internet permite um nível de reflexão que vai além das reflexões na ação ou sobre a ação, como proposto por Schön (1983 e 1992). A descrição das ações que os participantes do curso realizam, via internet, pode ser vista como um material a ser utilizado para a formalização das ideias. Esse material pode ser usado como objeto de reflexão, contribuindo para o enriquecimento das trocas entre os participantes. Ele está registrado e pode ser dissecado, revisto e reelaborado.

Terceiro, os aprendizes compartilham o mesmo ambiente virtual de aprendizagem, o que permite a troca de ideias e a socialização dos relatos e das ponderações feitas sobre sua prática com colegas do curso que estejam vivenciando experiências semelhantes, porém em realidades diferentes. Como foi observado em outro artigo, no momento em que os professores partilham o conhecimento construído na prática, no seu contexto, é criada a oportunidade da interação com diferentes interlocutores, permitindo o confronto salutar de variados olhares, que suscitam outros questionamentos e reflexões. Essa experiência assume outra característica, ou seja, a "descontextualização" do conhecimento que o aprendiz construiu com base no seu contexto.

> Nesse processo, a compreensão localizada de uma prática pedagógica se integra a outras, formando uma complexa rede de aprendizagem, que demanda do professor estabelecer novas relações e compreensões. Assim, a formação deve propiciar ao professor a vivência da contextualização e da descontextualização da prática pedagógica, para que os diferentes níveis de reflexão possam ocorrer. (Prado e Valente, 2002, p. 30)

Finalmente, a aprendizagem com base no contexto, na prática do professor, e a articulação entre a contextualização e a descontextualização que acontece nas atividades a distância são difíceis de ser implantadas em atividades presenciais. Nesse caso, o "estar junto virtual" não só facilita as questões de espaço e tempo da formação de professores como introduz características fundamentais a esse processo, as quais são difíceis de ser reproduzidas em situações de formação presencial.

Considerações finais

A descrição de cada uma das abordagens de educação a distância enfatiza aspectos positivos e negativos, tornando impossível afirmar que uma abordagem é melhor do que outra. Dependendo das circunstâncias criadas, é necessário utilizar determinada ação pedagógica, o que certamente implica certos resultados educacionais. É ilusório, no entanto, para não dizer enganoso, esperar que uma atividade educacional que privilegie a transmissão de informação tenha como produto a construção de conhecimento.

As abordagens *broadcast* e de virtualização da escola tradicional têm estreita relação com as propostas teóricas apresentadas por Wedemeyer (1977) e Peters (2001). O estudo independente indicado por Wedemeyer é o que acontece na abordagem *broadcast* e, muitas vezes, na virtualização da escola tradicional. O mesmo ocorre na massificação do ensino, apontada por Peters, já que essas abordagens podem prever um grande número de aprendizes. Justamente essa racionalização dos processos educacionais tem sido a tônica da maioria das ações de EaD, que podem ser caracterizadas pelo uso das abordagens *broadcast* ou virtualização da escola tradicional.

A abordagem do "estar junto virtual" pode ser vista como uma tentativa de diminuir a distância transacional, proposta por Moore (1993). O mesmo pode ser dito sobre a conversação didática de Holmberg (1995). No entanto, como foi mencionado anteriormente, esses autores centram as suas sugestões nos diálogos estabelecidos entre professor e alunos, que podem ficar restritos aos aspectos comunicacionais. Eles podem não efetivamente criar a interação entre professor e aprendiz, ou entre aprendizes, que é de fundamental importância para o processo de construção de conhecimento. Assim, é preciso que os diálogos estabelecidos possam ir além de o professor agir sobre o aluno ou de o aluno agir sobre o professor. Porém, tem de haver interação e interesse do aluno em modificar seu nível de conhecimento, quando desafiado pelo professor. Dessa maneira, o nível de "diálogo" deve ser bem mais profundo e o professor deve estar mais bem preparado, precisando realmente conhecer os processos de construção de conhecimento para que possa ser efetivo nessa relação com os aprendizes.

O papel da interação na aprendizagem, discutido ao longo deste texto, é pertinente tanto para as situações de ensino e de aprendizagem presenciais como a distância. No caso da EaD, o papel da interação professor-aluno é exacerbado em razão de existir uma clara distinção entre a ação de transmissão da informação e a que propicia a construção de conhecimento. Esta não acontece necessariamente pelo fato de o aluno ter acesso à informação. Há todo um trabalho, fruto da interação entre o aprendiz e o professor, e entre os próprios aprendizes, que deve ser realizado para que se dê essa construção.

Por outro lado, nem sempre é possível criar situações de ensino e aprendizagem que propiciem a construção de conhecimento. Em algumas situações, o que pode ser oferecido são ações educacionais que oportunizem a informação ao aprendiz, prevendo pouca ou nenhuma interação entre o professor e este. Assim, as abordagens pedagógicas usadas na EaD devem contemplar as diversas situações para atender mais adequadamente às diferentes necessidades educacionais existentes. O que é inaceitável é o uso de determinada abordagem que privilegia a transmissão de informação, prometendo resultados como a construção de conhecimento. A EaD oferece inúmeras possibilidades educacionais. É altamente desejável que as soluções adotadas possam cada vez mais priorizar as abordagens que criam verdadeiras oportunidades para os alunos construírem conhecimento.

Referências bibliográficas

ALMEIDA, M. E. B. *Inclusão digital do professor: formação e prática pedagógica*. São Paulo: Articulação, 2004.

BECKER, F. "Processo de abstração e aprendizagem". III Simpósio Internacional e VI Fórum Nacional de Educação. Universidade Luterana do Brasil, 2009. Disponível em: <http://forum.ulbratorres.com.br/2009/palestra_resumo/PALESTRA%2014.pdf>. Acesso em: 6 set. 2010.

FALCÃO, J. "Telecurso 2000: breaking with the paradigm of traditional education". *In*: CASTRO, C. M. (Ed.). *Education in the information age: what works and what doesn't*. Washington: Inter-American Development Bank, 1998. p. 175-80.

HARASIM, L. et al. *Learning networks: a field guide to teaching and learning online*. Cambridge: MIT Press, 1995.

HOLMBERG, B. *Theory and practice of distance education*. 2. ed. Londres: Routledge, 1995.

KEEGAN, D. *Foundations of distance education*. 3. ed. Londres: Routledge, 1996.

LANDIM, C. M. M. P. F. *Educação a distância: algumas considerações*. Rio de Janeiro: [s.n.], 1997.

LEVY, P. *A inteligência coletiva: por uma antropologia do ciberespaço*. São Paulo: Loyola, 1998.

MANTOAN, M. T. E. "Processo de conhecimento, tipos de abstração e tomada de consciência". 1994. Nied-Memo 27. Campinas: Nied-Unicamp. Dis-

ponível em: <http://pan.nied.unicamp.br/publicacoes/publicacao_deta
lhes.php?id=70>. Acesso em: 6 set. 2010.

MATUI, J. *Construtivismo: teoria construtivista sócio-histórica aplicada ao ensino*. São Paulo: Moderna, 1995.

MONTANGERO, J.; MAURICE-NAVILLE, D. *Piaget ou a inteligência em evolução*. Porto Alegre: Artmed, 1998.

MOORE, M. G. "Teoria da distância transacional". *In*: KEEGAN, D. *Theoretical principles of distance education*. Londres: Routledge, 1993. p. 22-38.

_____. "Autonomy and independence". *The American Journal of Distance Education*, v. 8, n. 2, p. 1-5, 1994.

MORAN, J. M. "Os modelos educacionais na aprendizagem *on-line*". 2007. Disponível em: <http://www.eca.usp.br/prof/moran/modelos.htm>. Acesso em: 6 set. 2010.

PENTA. Site sobre ambientes integrados de suporte à EaD. Disponível em: <http://penta.ufrgs.br/edu/ambintegradead.htm>. Acesso em: 6 set. 2008.

PETERS, O. *Didática do ensino a distância*. São Leopoldo: Unisinos, 2001.

PIAGET, J. *Abstração reflexionante: relações lógico-aritméticas e ordem das relações espaciais*. Porto Alegre: Artmed, 1995.

_____. *Sobre pedagogia*. São Paulo: Casa do Psicólogo, 1998.

PRADO, M. E. B. B. *Educação a distância e formação do professor: redimensionando concepções de aprendizagem*. 2003. Tese (Doutorado em Educação) – Pontifícia Universidade Católica de São Paulo, São Paulo.

PRADO, M. E. B. B.; VALENTE, J. A. "A educação a distância possibilitando a formação do professor com base no ciclo da prática pedagógica". *In*: MORAES, M. C. (Org.). *Educação a distância: fundamentos e práticas*. Campinas: Nied-Unicamp, 2002, p. 27-50. Disponível em: <http://www.nied.unicamp.br/oea>. Acesso em: 2 ago. 2010.

_____. "A formação na ação do professor: uma abordagem na e para uma nova prática pedagógica: a educação a distância possibilitando a formação do professor com base no ciclo da prática pedagógica". *In*: VALENTE, J. A. (Ed.). *Formação de educadores para o uso da informática na escola*. Campinas: Nied-Unicamp, 2003, p. 21-38. Disponível em: <http://www.nied.unicamp.br/oea>. Acesso em: 3 out. 2009.

RAMOZZI-CHIAROTTINO, Z. *Em busca do sentido da obra de Jean Piaget*. São Paulo: Ática, 1984.

ROCHA, H. V. "O ambiente TelEduc para educação a distância baseada na *web*: princípios, funcionalidades e perspectivas de desenvolvimento". *In*: MORAES, M. C. (Org.). *Educação a distância: fundamentos e práticas*. Campinas: Nied-Unicamp, 2002, p. 197-212. Disponível em: <http://www.nied.unicamp.br/oea>. Acesso em: 6 ago. 2010.

SCHÖN, D. A. *The reflective practitioner – How professionals think in action*. Nova York: Basic Books, 1983.

_____. "Formar professores como profissionais reflexivos". *In*: NÓVOA, A. (coord.). *Os professores e a sua formação*. Lisboa: Publicações Dom Quixote, Instituto de Inovação Educacional, 1992.

VALENTE, J. A. "A escola que gera conhecimento". *In*: FAZENDA, I. et al. *Interdisciplinaridade e novas tecnologias: formando professores*. Campo Grande: UFMS, 1999. p. 75-119.

_____. "A espiral da aprendizagem e as tecnologias da informação e comunicação: repensando conceitos". *In*: JOLY, M. C. (Ed.). *Tecnologia no ensino: implicações para a aprendizagem*. São Paulo: Casa do Psicólogo, 2002. p. 15-37.

_____. "Praticando e aprendendo sobre educação a distância: as experiências do Nied". *In*: MAIA, C. (Org.). *Experiências inovadoras em educação a distância no Brasil: reflexões atuais, em tempo real*. São Paulo: Anhembi Morumbi, 2003. p. 93-110.

_____. "A escola como geradora e gestora do conhecimento". *In*: GUEVARA, A. J. H.; ROSINI, A. M. *Tecnologias emergentes: organizações e educação*. São Paulo: Cengage Learning, 2008.

VALENTE, J. A.; ALMEIDA, M. E. B. (Ed.). *Formação de educadores a distância e integração de mídias*. São Paulo: Avercamp, 2007.

VALENTE, J. A.; PRADO, M. E. B.; ALMEIDA, M. E. B. (Orgs.). *Educação a distância via internet*. 2. ed. São Paulo: Avercamp, 2005.

VYGOTSKY, L. S. *Thought and language*. Cambridge: The MIT Press, 1986.

WEDEMEYER, C. "Independent study". *In*: KNOWLES, A. S. (Ed.). *The international encyclopedia of higher education*. Boston: Cihed, 1977.

Desafios da educação a distância no Brasil

José Manuel Moran

Introdução

A educação a distância está se transformando, de uma modalidade complementar ou especial para situações específicas, em referência para uma mudança profunda na educação como um todo. É uma opção importante se os objetivos são o aprendizado ao longo da vida, a formação continuada, a aceleração profissional, a conciliação entre estudo e trabalho.

Ainda há resistências e preconceitos e estamos aprendendo a gerenciar processos complexos de EaD, mas cresce a percepção de que um país do tamanho do Brasil só conseguirá superar sua defasagem educacional por meio do uso intensivo de tecnologias em rede, da flexibilização dos tempos e espaços de aprendizagem, e da gestão integrada de modelos presenciais e digitais.

A educação a distância está modificando todas as formas de ensino e aprendizagem, inclusive as presenciais, que utilizarão cada vez mais metodologias semipresenciais, flexibilizando a necessidade de presença física, reorganizando os espaços e tempos, as mídias, as linguagens e os processos. Outro avanço é a inserção significativa das universidades públicas na EaD, pela Universidade Aberta do Brasil (UAB).

Numa sociedade cada vez mais conectada, ensinar e aprender podem ser feitos de forma bem mais flexível, ativa e focada no ritmo de cada um. As tecnologias móveis desafiam as instituições a sair do ensino tradicional, em que o professor é o centro, para uma aprendizagem mais participativa e integrada, com momentos presenciais e outros a distância, mantendo vínculos pessoais e afetivos, estando juntos conectados.

Depois de uma década de experimentação, o ensino superior a distância encontra-se numa fase de crescimento intenso, de consolidação pedagógica e de intensa regulação governamental, com diretrizes bem específicas. A EaD é cada vez mais complexa porque está se difundindo em todos os campos, com modelos diferentes, rápida evolução das redes e mobilidade tecnológica, por causa da abrangência dos sistemas de comunicação digitais. A EaD tem significados muito variados que respondem a concepções e necessidades distintas. Denominamos EaD a educação continuada, o treinamento em serviço, a formação supletiva, a formação profissional, a qualificação docente, a especialização acadêmica, a complementação dos cursos presenciais.

Além de vários significados, existem modelos bem diferentes que respondem a concepções pedagógicas e organizacionais distintas. Temos desde modelos autoinstrucionais a modelos colaborativos; modelos focados no professor (teleaula), no conteúdo, a outros centrados em atividades e projetos. Temos modelos para poucos alunos e modelos de massa para dezenas de milhares de alunos. Temos cursos com grande interação e outros com baixa interação com o professor. E não é fácil pensar em propostas que atendam a todas essas situações tão diversas. Há um crescimento gigantesco dos cursos por satélite, com teleaulas ao vivo e um tutor ou monitor presencial por sala, em polos, mais apoio da internet e de tutoria *on-line*. Essas instituições estão crescendo rapidamente e chegando a dezenas de milhares de alunos. É um modelo que mantém a figura do professor e a flexibilidade da autoaprendizagem. Existem cursos que combinam material impresso, CD/DVD e internet. Há cursos para poucos e muitos alunos, cursos com menos ou mais encontros presenciais.

Caminhamos de forma acelerada para poder aprender em qualquer lugar, a qualquer hora e de muitas maneiras diferentes. Aprender quando for oportuno, com ou sem momentos presenciais, mas sempre com a possibilidade de estarmos juntos, de aprender colaborativamente e de construir roteiros pessoais. Com a riqueza de mídias, tecnologias e linguagens, podemos integrar conteúdo, interação e produção tanto individual como grupal do modo mais conveniente para cada aluno e para todos os participantes.

Modelos predominantes de EaD

Educação a distância é educação e tem de ser de qualidade, como a educação presencial (Nascimento e Carnielli, 2007). EaD de qualidade é aquela que ajuda o aluno a aprender igual à presencial. Não se mede qualidade pelo número de alunos envolvidos, mas pela seriedade e coerência do projeto pedagógico, pela competência dos gestores, educadores e mediadores, e ainda pelo envolvimento do aluno. As instituições sérias no modo presencial costumam desenvolver também um trabalho sólido a distância, e já aquelas menos sérias, que focam mais os interesses econômicos no presencial, costumam ver a EaD como um caminho para obter maior lucratividade. Alguns autores servem de base para a avaliação do ensino superior a distância no Brasil, entre eles se destacam: Valente (2009), Litto (2009), Almeida (2009), Gatti (2010), Silva e Silva (2003), e Oliveira e Oliveira (s.d.).

Temos modelos de EaD muito interessantes, diversificados e cada vez mais sólidos, com diferenças na qualidade e possibilidades de aperfeiçoamento. Todos são complexos, utilizam várias mídias, têm momentos presenciais e atividades a distância predominantemente pela *web*.

Existem, basicamente, no Brasil, dois grandes modelos de EaD, com muitas variáveis. No primeiro, aparece mais o professor no seu papel tradicional, sendo visto pelos alunos ao vivo (teleaula) ou em aula gravada (videoaula). Além das aulas, há leituras e atividades presenciais e virtuais (modelo de tele/videoaula).

No segundo modelo, o professor não "dá aula", ele se comunica por materiais impressos e digitais, escritos de forma dialogada e com tutoria presencial em polos e/ou virtual, pela internet. Usa alguns vídeos eventual, não sistematicamente (modelo *web*).

No modelo de teleaula, os alunos vão a determinadas salas, nos polos, em que assistem a aulas transmitidas por satélite, ao vivo, uma ou duas vezes por semana. Eles enviam perguntas e o professor responde às que considera mais relevantes. Em geral, depois da teleaula, os alunos se reúnem em pequenos grupos para realizar atividades de discussão e aprofundamento de questões relacionadas com a aula dada, sob a supervisão de um mediador, chamado de professor-tutor local. Além das aulas, os alunos costumam receber material impresso e orientações de atividades para fazer durante a semana, individualmente, com o acompanhamento de um professor-tutor *on-line* ou eletrônico (Moran, 2008).

No formato de videoaula, as aulas são produzidas em estúdio e vistas pelos alunos, individualmente ou reunidos em salas, com o acompanhamento de um professor-orientador/tutor ou não. Também há dois modelos predominantes utilizando a videoaula, um semipresencial e outro *on-line*.

O modo mais usual é o de salas, em que o aluno vai presencialmente uma ou várias vezes por semana e um tutor supervisiona a exibição do vídeo e as atividades relacionadas ao conteúdo da disciplina. Ele tira dúvidas, sob a coordenação do professor responsável pela disciplina. Esse modelo é útil particularmente para cidades pequenas, sem condições de instalar uma instituição de ensino superior presencial.

O outro modelo utiliza videoaulas, que os alunos acessam via *web* ou recebem por CD ou DVD. Os alunos assistem às videoaulas em casa ou no trabalho, leem o material impresso e fazem as atividades, que são entregues a um tutor *on-line* num ambiente de aprendizagem digital, como o Moodle. Os alunos só vão a um polo para a avaliação *on-line*. Os modelos de videoaula que utilizam mais a *web* como ambiente de aprendizagem e de interação precisam rever o seu projeto à luz das normas atuais legais, focando bem mais o apoio local ao longo do curso e não só na avaliação.

Já o modelo *web* foca também no conteúdo disponibilizado pela internet e por CD ou DVD. Além do material encontrado na *web*, os alunos costumam ter material impresso por disciplina ou módulo. Os ambientes principais de aprendizagem são o Moodle, o Blackboard e o TelEduc. Algumas instituições têm o seu próprio ambiente digital de aprendizagem. Começa-se a utilizar a webconferência para alguns momentos de interação presencial com os alunos, visando orientar, solucionar dúvidas e manter vínculos afetivos.

Até agora temos basicamente dois modelos diferentes de ensino superior a distância via *web*: o mais virtual e o semipresencial. No primeiro, a orientação dos alunos é feita a distância, pela internet ou telefone. Os alunos se reportam ao professor e ao tutor durante o semestre e, em geral, se encontram presencialmente só para fazer as avaliações. É um modelo predominantemente via internet, e os encontros presenciais são mais espaçados porque não existem os polos para o apoio semanal.

No modelo semipresencial, como os do Consórcio Cederj, das universidades públicas do estado do Rio de Janeiro, os alunos têm polos perto de onde moram e, além do tutor *on-line*, o tutor presencial no polo, com quem podem tirar dúvidas e participar das atividades solicitadas e dos laboratórios de informática e específicos do curso. Esse modelo é replicado pelas universidades públicas, sob a gestão da UAB, que fazem parceria com as prefeituras para a instalação dos polos de apoio presenciais.

Tecnologias mais utilizadas na EaD

Em geral há um *mix* de tecnologias, dependendo da duração e do tipo de curso. Aos poucos, os ambientes digitais de aprendizagem são utilizados de forma mais abrangente na maioria dos cursos. O material impresso é um aliado importante nos cursos de longa duração, principalmente na graduação. Aumenta também o uso de recursos de comunicação *on* e *off-line*, como MSN, *skype* e webconferência. As mídias móveis, como celulares, *smartphones* e *tablets*, devem crescer muito a partir de agora, integrando as tecnologias convencionais com as leves e portáteis, facilitando a alunos e professores aprender e ensinar de qualquer lugar e a qualquer hora.

Há uma progressiva utilização de ambientes virtuais flexíveis, customizáveis e gratuitos, como o Moodle, pela relação custo-benefício. Algumas instituições preferem a segurança de ambientes proprietários, como o Blackboard, pela confiabilidade e garantia de atendimento. Os ambientes precisam incorporar mais diretamente os recursos da *web* 2.0, recursos colaborativos, as redes sociais aplicadas à educação e as tecnologias móveis. Outra evolução seria a criação de ambientes pessoais de aprendizagem que incorporassem todo o conhecimento registrado do aluno, suas redes de comunicação e seu percurso de aprendizagem. Falta também a inclusão de simuladores, jogos, laboratórios digitais de ponta e ambientes 3-D com recursos mais avançados para determinadas aulas e situações específicas de pesquisa e comunicação. Estão começando a ser incorporados na educação a distância alguns programas avançados de gestão do conhecimento que podem fazer a mediação entre gestores, professores, materiais didáticos e alunos, o que permitirá uma personalização bem maior dos percursos de aprendizagem de cada um.

Avanços nos modelos de predominância telepresencial

É muito importante para os alunos o contato com os professores especialistas, ao vivo, a distância, por teleaula ou videoconferência. De certa forma, assim, há um vínculo com os modelos presenciais, que têm os professores como referências concretas.

A organização das turmas de recepção em salas reproduz o modelo do presencial de grupo, de classe, contribuindo para criar vínculos sociais, afetivos e intelectuais. Nesse modelo, a passagem para a EaD é mais suave.

As aulas são mais produzidas, têm mais recursos de apoio (entrevistas, vídeos, animações, jogos etc.). O modelo do professor falando com apoio do PowerPoint está desgastado. Há uma valorização maior da participação dos alunos, estabelecendo vínculos com os polos, intercalando, durante as aulas, algumas atividades de discussão ou problematização.

Depois da teleaula, é colocado um *link* que remete a ela no ambiente virtual para que os alunos possam revê-la quando acharem conveniente (em determinadas instituições, ele fica disponível por poucos dias, pode ser acessado no polo ou ser adquirido no formato DVD na biblioteca do polo).

Além das teleaulas, há um avanço em algumas instituições no pós-aula, em que o professor retoma alguns tópicos da teleaula e os amplia em um segundo momento, por meio de webaula, audioconferência, *podcast* ou recurso semelhante. É uma forma de reforço, ampliação e personalização da teleaula, para focá-la melhor, tirar dúvidas. Esse material fica disponível para o aluno no ambiente digital do curso. Há uma ligação maior entre a teleaula, a *web* ou audioaula, e os estudos independentes. Academicamente, o projeto está mais integrado agora que no início. Começa-se pela teleaula, o professor retoma as questões de forma mais dialógica e faz a integração com as atividades individuais de estudo e pesquisa. As instituições estão percebendo a importância de divulgar e reutilizar mais as próprias produções dos alunos, principalmente as feitas em vídeo. Elas são usadas como subsídio das teleaulas e muitas mantêm-se na biblioteca digital.

Há um melhor aproveitamento da cenografia. Certos estúdios contam com equipamento de cenário virtual, o que permite inserir o professor em ambientes relacionados com os temas da sua fala.

Alguns professores representam personagens vinculadas com o conteúdo e trazem profissionais para aproximar a teoria da experiência prática. Outros desenvolvem formas de comunicação mais diretas com os alunos: mobilizam os polos com alusões diretas, reorganização do espaço físico, gincanas, concursos, esquetes, representações, simulações.

Essa comunicação direta, ao vivo, é vista como o grande diferencial desse modelo pelos coordenadores das teleaulas. Os alunos gostam de sentir o contato com o professor ao vivo, enviar-lhe perguntas, sentir-se incluídos, mesmo que esporadicamente. Gostam também de saber-se citados, ver-se representados. Há certa mitificação do professor, os alunos os veem como atores de tevê.

Temos observado que professores, inicialmente resistentes a esse modelo, mudam de opinião com a prática, sentem-se confortáveis porque a teleaula reforça e amplia o seu papel de transmissor da informação e cria essa aura de visibilidade conferida por aparecer na tevê.

Os alunos manifestam o sentimento de que participam de algo mais amplo que uma aula presencial comum, pois compartilham questões com outros alunos de todo o país, podendo confrontar-se com culturas diferentes. Essa intercultura poderia ser mais bem explorada nas próprias teleaulas e no ambiente virtual.

O recurso de webconferência ou de audioconferência pode ser útil para orientar grupos, tirar algumas dúvidas e dar orientações de estágio e de trabalhos de conclusão de curso. Trabalhos de apresentação de alunos também podem ser realizados dessa forma. Algumas instituições já fazem a defesa de monografia em cursos de pós-graduação por programas de webconferência, o que permite a conexão em tempo real e a possibilidade de cada um conectar-se aonde considerar mais conveniente.

Apesar dos avanços mostrados pelos coordenadores desses cursos por teleaula, observamos que privilegiam a transmissão da informação pelo professor em uma época em que a informação está disponível em várias mídias, podendo o papel do professor ser bem mais importante se ele se transformar em orientador, em contextualizador das questões dos alunos.

Uma figura que as instituições estão criando é a de coordenador pedagógico do polo para todos os cursos. Responsável institucional pelo bom andamento dos cursos no local, ele coordena as atividades dos tutores e supervisiona o funcionamento da infraestrutura e acadêmico.

Um enfoque diferente do modelo de teleaula poderia inverter o processo. A teleaula seria um ponto de chegada e não só um ponto de partida da informação. Os alunos teriam contato com um assunto a partir de alguns materiais prévios (impressos, em áudio e vídeo), realizariam algumas atividades de compreensão e pesquisa individualmente e em grupo. Discutiriam essas questões com os tutores e encaminhariam os resultados da pesquisa e as questões principais para o professor, que, na teleaula, avaliaria todo o processo e traria contribuições específicas para os grupos naquele momento.

Vivemos atualmente uma fase de regulação maior da EaD pelo Ministério da Educação (MEC). Há uma forte pressão para que todas as instituições que atuam no ensino superior a distância, principalmente na graduação, revejam seus projetos pedagógicos e se adaptem ao modelo semipresencial, com polos presenciais mais estruturados e atuantes, de acordo com as normas legais vigentes, que se expressam nos instrumentos de credenciamento, autorização de cursos a distância e de polos.

Questões para as instituições que querem atuar em EaD

Por que entrar em EaD? Só por que está na moda? Por que os demais estão entrando? Todas as instituições devem atuar em EaD? Na minha opinião, aos poucos, sim, mas sem açodamento nem loucuras. Se a instituição é pequena, melhor pensar em projetos complementares aos existentes no presencial, em combinar a flexibilização do presencial (projetos semipresenciais) com alguns cursos a distância, nos quais a instituição é forte, que possa atender pessoas da região com dificuldade para comparecer todos os dias na sede, que atendam também a grupos com demandas específicas.

Que conhecimento institucional temos de EaD? Onde e como vamos competir? Já vimos instituições que criaram o mesmo curso a distância e presencial, concorrendo consigo mesmas. Vale a pena começar perto da sede e ampliar o domínio para o estado e outros lugares mais distantes, pouco a pouco, ou é melhor já atuar fortemente em diversos lugares? Há projetos que são para crescimento lento e seguro e outros para ocupação rápida de mercado.

Existem instituições que desconhecem a complexidade da EaD. Acreditam que o retorno é rápido, que a capacitação da equipe é fácil, que a escolha das tecnologias é simples. Muitas não conhecem bem o mercado ou não têm equipes competentes e investem em modelos caríssimos e pouco rentáveis, ou em cursos com baixo apelo ou sem *marketing* adequado. EaD não é para amadores. Algumas subestimam o investimento de longo prazo. Educação não se resolve a curto, mas a longo prazo. O sucesso momentâneo, o crescimento imediato, fruto de circunstâncias ocasionais, pode não se manter a longo prazo, com maior concorrência, com resultados medíocres em avaliações nacionais. Instituições que hoje crescem muito podem perder credibilidade se houver resultados negativos, denúncias consistentes de má qualidade ou mau gerenciamento. Algumas instituições pagarão um preço pesado pelo açodamento, por crescer de qualquer maneira, sem qualidade comprovada. Depois dos maus resultados, será muito difícil reverter a imagem ruim.

É melhor fazer EaD de forma isolada ou em parceria? Depende das características de cada instituição. Quando há identidade com alguns parceiros, a EaD se torna mais viável. Uma parceria bem-sucedida seria entre instituições de mesma denominação confessional, como universidades católicas ou evangélicas, por exemplo. Mas há dificuldades que tornam as parcerias mais difíceis do que parecem: diferenças culturais entre instituições, vaidades dos mantenedores e falta de prática de parcerias reais.

Há projetos de EaD para cursos de graduação de alunos mais jovens ou mais experientes. Existem cursos para quem está fazendo especialização, mestrado ou doutorado. Há cursos para pessoas com experiência profissional e outros para jovens, sem nenhum contato profissional prévio.

Os cursos podem ter certificados do MEC, por associações de classe ou ser mais livres. Quem certifica exige determinados requisitos para a sua aprovação. O MEC, por exemplo, vem formalizando progressivamente as exigências de qualidade dos cursos de graduação, dando muita ênfase ao acompanhamento local, na forma de polos, o que no início não acontecia.

Há modelos focados em transmissão (teleaulas) somada a texto e internet, e outros focados mais em texto e internet. A avaliação de um projeto deve levar em consideração a complexidade, como possuir estúdios de gravação, satélite, parceria local e atendimento local e remoto.

Também há no mercado cursos com variado nível de interação. Existem cursos que se preocupam mais com a produção do conteúdo, em adaptá-lo aos alunos, tornando-se autoexplicativos, exigindo pouca interação. Há outros que, pelo projeto, têm na interação um fator importante e preveem pessoas para atendimento personalizado e em grupo, em tempo real e *off-line*.

A modalidade com forte apoio presencial ou *on-line* também está disponível. Alguns privilegiam momentos de comunicação em tempo real (teleaulas ao vivo) ou momentos de discussão com um professor num *chat*; outros se preocupam mais com o acompanhamento *off-line*, via fórum, *e-mail* ou recursos semelhantes.

Existem cursos para poucos ou muitos alunos. Há instituições que abrem cursos a distância para poucos alunos e, às vezes, o mesmo professor presencial atua também a distância, enquanto outros projetos visam atingir milhares de alunos simultaneamente, em centenas de cidades diferentes.

Alguns cursos têm datas definidas de entrada e de saída. Outros são mais flexíveis. Há cursos que seguem um calendário fechado, previsto e lembram mais as situações da educação presencial. Outros têm estruturas mais flexíveis, em geral modulares, com entradas possíveis em módulos diferentes ou com datas personalizadas de início e término de cada módulo e curso.

Determinados cursos possuem abrangência nacional ou internacional, e regional. Também há cursos para alunos de alto poder aquisitivo, que preveem um acompanhamento personalizado, e outros para alunos de baixo poder aquisitivo, em geral com pouco acompanhamento personalizado e maior número de alunos para cada professor ou tutor.

Dentre as opções, também existem cursos focados em módulos e competências e outros mais em disciplinas e conteúdos. Há ainda cursos com formatos tradicionais e cursos inovadores, como os voltados para a resolução de problemas.

O que é um bom curso a distância

Os referenciais elaborados por equipes vinculadas a vários momentos da Secretaria de Educação a Distância, pertencente ao MEC, nos dão elementos importantes para a avaliação. Participamos da criação desses referenciais, em diferentes momentos, a partir da primeira elaboração feita pela prof[a] Carmen Neves, em 1998. Os principais itens de avaliação de um projeto são: compromisso institucional, sistemas de comunicação, material didático, avaliação, equipe multidisciplinar, infraestrutura de apoio, gestão acadêmico-administrativa e sustentabilidade financeira.

Um projeto de curso superior a distância precisa de forte compromisso institucional para garantir o processo de formação que contempla a dimensão técnico-científica para o mercado de trabalho e a dimensão política para a formação do cidadão. Em razão da complexidade e da necessidade de uma abordagem sistêmica, referenciais de qualidade para projetos de cursos na modalidade a distância devem compreender categorias que envolvam, fundamentalmente, aspectos pedagógicos, recursos humanos e infraestrutura. Para dar conta dessas dimensões, precisam estar clara e integralmente expressos no Projeto Político Pedagógico de um curso de EaD os seguintes tópicos: concepção de educação e currículo no processo de ensino e aprendizagem; opção epistemológica de educação, currículo, ensino, aprendizagem e perfil do estudante que deseja formar. Definidas as características anteriores, explicar como se desenvolverão os processos de produção do material didático, tutoria, comunicação e avaliação, delineando princípios e diretrizes que alicerçarão o desenvolvimento do processo de ensino e aprendizagem.

A opção epistemológica é que norteará também toda a proposta de organização do currículo e seu desenvolvimento. A organização em disciplina, módulo, tema e área reflete a escolha feita pelos envolvidos no projeto. A compreensão de avaliação, os instrumentos a serem utilizados e as concepções de tutor, estudante e professor, enfim, precisam ter coerência com a opção teórico-metodológica definida no projeto pedagógico.

A instituição também deverá, em seu Projeto Político Pedagógico do curso: descrever como será a interação entre estudantes, tutores e professores ao longo do curso, em especial o modelo de tutoria; quantificar o número de professores/hora disponíveis para os atendimentos requeridos pelos alunos e avaliar a relação tutor/estudantes; apresentar qual(is) forma(s) de tutoria, presencial e/ou a distância, foi (foram) planejadas para o curso e qual a estratégia a ser usada; informar aos estudantes, desde o início do curso, nomes, horários, formas e números para contato com professores, tutores e pessoal de apoio; informar locais e datas de provas e datas-limites para as diferentes atividades (matrícula, recuperação e outras); descrever o sistema de orientação e acompanhamento do estudante, garantindo que ele tenha sua evolução e dificuldades regularmente monitoradas, que receba respostas rápidas às suas dúvidas, bem como incentivos e orientação quanto ao progresso nos estudos; assegurar-lhe flexibilidade no atendimento, oferecendo horários ampliados para o atendimento tutorial; dispor de polos de apoio descentralizados de atendimento ao estudante, com infraestrutura compatível para as atividades presenciais; valer-se de modalidades comunicacionais síncronas e assíncronas, como videoconferências, *chats* na internet, fax, telefones e rádio para promover a interação em tempo real entre docentes, tutores e alunos; facilitar a interação entre estudantes, por meio de atividades coletivas, presenciais ou via ambientes de aprendizagem adequadamente desenhados e implementados para o curso, que incentivem a comunicação entre colegas; planejar a formação, supervisão e avaliação dos tutores e outros profissionais que atuam nos polos de apoio descentralizados, a fim de assegurar padrão de qualidade no atendimento aos alunos; abrir espaço para uma representação de estudantes, em órgãos colegiados de decisão, para receber *feedbacks* e aperfeiçoar os processos.

É importante que as instituições elaborem seus materiais para uso a distância buscando integrar as diferentes mídias, explorando a convergência e a integração entre materiais impressos, radiofônicos, televisivos, de informática, de videoconferências e teleconferências, dentre outros, sempre na perspectiva da construção do conhecimento e favorecendo a interação entre os múltiplos atores. Informe, de maneira clara e precisa, que materiais serão colocados à disposição do estudante (livros-texto, cadernos de atividades, leituras complementares, roteiros, obras de referência, CD-ROM, *websites*, vídeos, ou seja, um conjunto – impresso e/ou disponível na rede – que se articula com outras tecnologias de comunicação e informação para garantir flexibilidade e diversidade).

As avaliações de aprendizagem do estudante devem ser compostas de modalidades a distância e presenciais, sendo estas últimas cercadas das precauções de segurança e controle de frequência, zelando pela confiabilidade e credibilidade dos resultados. Nesse ponto, é importante destacar o disposto no Decreto nº 5.622, de 19.12.2005, que estabelece obrigatoriedade e prevalência das avaliações presenciais sobre outras formas de avaliação.

As instituições precisam planejar e implementar sistemas de avaliação institucional, incluindo ouvidoria, que produzam reais melhorias de qualidade nas condições de oferta dos cursos e no processo pedagógico. Essa avaliação deve configurar-se em um processo permanente e consequente, de forma a subsidiar o aperfeiçoamento dos sistemas de gestão e pedagógico, realizando efetivamente correções na direção da melhoria de qualidade do processo pedagógico, estando coerente com o Sistema Nacional de Avaliação da Educação Superior (Sinaes). Para ter sucesso, essa avaliação precisa envolver os diversos atores: estudantes, professores, tutores e quadro técnico-administrativo.

Em educação a distância, há uma diversidade de modelos que resulta em possibilidades diferenciadas de composição dos recursos humanos necessários à estruturação e ao funcionamento de cursos nessa modalidade. No entanto, qualquer que seja a opção estabelecida, os recursos humanos devem configurar uma equipe multidisciplinar com funções de planejamento, implementação e gestão dos cursos a distância, em que três categorias profissionais, em constante qualificação, são essenciais para uma oferta de qualidade: docentes, tutores e pessoal técnico-administrativo.

Além de mobilizar recursos humanos e educacionais, um curso a distância exige infraestrutura material proporcional ao número de estudantes, aos recursos tecnológicos envolvidos e à extensão de território a ser alcançada, o que representa um significativo investimento para a instituição.

A infraestrutura material refere-se aos equipamentos de tevê, DVD, fotografia, impressão, telefonia, inclusive destinados à internet, e aos serviços 0800, fax, equipamentos para produção audiovisual e videoconferência, computadores ligados em rede ou não e outros, dependendo da proposta do curso.

Deve-se atentar ao fato de que um curso a distância não exime a instituição de dispor de centros de documentação e informação ou midiatecas (que articulam bibliotecas, videotecas, audiotecas, hemerotecas e infotecas) para prover suporte a estudantes, tutores e professores.

A gestão acadêmica de um projeto de curso de EaD deve estar integrada aos demais processos da instituição, ou seja, é fundamental que o aluno de um curso a distância tenha as mesmas condições e suporte que o presencial, e o sistema acadêmico deve priorizar isso, no sentido de oferecer ao estudante geograficamente distante o acesso aos mesmos serviços disponíveis para o ensino tradicional, como matrícula, inscrições, requisições, acesso às informações institucionais, secretaria, tesouraria etc.

Em particular, a logística que envolve um projeto de educação a distância – os processos de tutoria, produção e distribuição de material didático, além de acompanhamento e avaliação do estudante – precisa ser rigorosamente gerenciada e supervisionada, sob pena de desestimular o estudante, levando-o ao abandono do curso, ou de não permitir devidamente os registros necessários para a convalidação do processo de aprendizagem.

Para garantir a continuidade a médio prazo inerente a um curso superior, em especial de graduação, a instituição deve montar a planilha de custos do projeto, como um todo, em consonância com o Projeto Político Pedagógico, e a previsão de seus recursos, mostrando em particular os seguintes elementos:

a) Investimento, de curto e médio prazos: produção de material didático (professores, equipe multidisciplinar, equipamentos etc.); implantação do sistema de gestão; equipamentos de comunicação, gestão, laboratórios etc.; implantação dos polos descentralizados de apoio presencial e centro de educação a distância ou salas de tutoria e de coordenação acadêmico-operacional nas instituições.

b) Custo da equipe docente: coordenador do curso, coordenadores de disciplinas, coordenador de tutoria e professores responsáveis pelo conteúdo; equipe de tutores para atividades de tutoria; equipe multidisciplinar; equipe de gestão do sistema; recursos de comunicação; distribuição de material didático; sistema de avaliação.

Como parte deste item, a instituição deve apresentar uma planilha de oferta de vagas, especificando claramente a evolução da oferta ao longo do tempo. O número de estudantes para cada curso deve apresentar-se em completa sintonia com o Projeto Político Pedagógico, os meios que estarão disponibilizados pela instituição, o quadro de professores, de tutores e da equipe técnico-administrativa, que irão trabalhar no atendimento aos estudantes, o investimento e custeio a serem feitos, e outros aspectos indicados nesse documento.

Quando olhamos para nossa experiência de alunos em sala de aula, um bom curso é aquele que nos empolga, nos surpreende, nos faz pensar, nos envolve ativamente, traz contribuições significativas e nos põe em contato com pessoas, experiências e ideias interessantes. Às vezes, um curso promete muito, tem tudo para dar certo e nada acontece. Em contraposição, outro que parecia servir só para preencher uma lacuna se torna decisivo.

Um bom curso depende de um conjunto de fatores previsíveis e de uma "química", uma forma de juntar os ingredientes que faz a diferença. No essencial, um bom curso presencial ou a distância possuem os mesmos ingredientes. Depende, em primeiro lugar, de termos educadores maduros intelectual e emocionalmente, pessoas curiosas, entusiasmadas, abertas, que saibam motivar e dialogar. Pessoas com as quais valha a pena entrar em contato, porque dele saímos enriquecidos.

O grande educador atrai não só pelas suas ideias, mas pelo contato pessoal. Há sempre algo surpreendente, diferente no que diz, nas relações que estabelece, e nas suas formas de olhar, comunicar-se e agir.

Um bom curso depende dos alunos. Alunos curiosos e motivados facilitam enormemente o processo, estimulam as melhores qualidades do professor, tornam-se interlocutores lúcidos e parceiros de caminhada do educador. Um bom curso depende também de administradores, diretores e coordenadores mais abertos, que entendam todas as dimensões envolvidas no processo pedagógico, além das empresariais, ligadas ao lucro; que apoiem os professores inovadores; que equilibrem os gerenciamentos empresarial, tecnológico e humano, contribuindo para que haja um ambiente de maior inovação, intercâmbio e comunicação.

Um bom curso depende de ambientes ricos de aprendizagem, de uma infraestrutura física completa: salas, tecnologias, bibliotecas etc. A aprendizagem não se faz só na sala de aula, mas nos inúmeros espaços de encontro, pesquisa e produção que as grandes instituições propiciam aos seus professores e alunos.

Em EaD, um dos grandes problemas é o ambiente, ainda reduzido a um lugar onde se procuram textos, conteúdo. Um bom curso é mais do que conteúdo; é pesquisa, troca, produção conjunta. Para suprir a menor disponibilidade ao vivo do professor, é importante ter materiais mais elaborados, mais autoexplicativos, com mais desdobramentos – *links*, textos de apoio, glossários, atividades. Isso implica montar uma equipe interdisciplinar, com pessoas das áreas técnica e pedagógica que saibam trabalhar juntas, cumprir prazos, dar contribuições significativas.

Para ser bom, um curso de EaD precisa ter interação entre os seus participantes, estabelecer vínculos e fomentar ações de intercâmbio. Quanto mais interação há, mais horas de atendimento são necessárias. Uma interação efetiva precisa ter monitores capacitados, com um número equilibrado de alunos. Em educação a distância, não se pode só "passar" uma aula pela tevê ou disponibilizá-la em um *site* e dar alguns exercícios.

Um bom curso de EaD procura ter um planejamento bem elaborado, mas sem rigidez excessiva. Permite menos improvisações que uma aula presencial, mas também evita a execução totalmente hermética, sem possibilidade de mudanças, sem prever a interação dos alunos. Precisamos aprender a equilibrar o planejamento e a flexibilidade – que está ligada ao conceito de liberdade, de criatividade. Nem planejamento fechado nem criatividade desorganizada, que vira só improvisação.

Avançaremos mais se soubermos adaptar os programas previstos às necessidades dos alunos, criando conexões com o cotidiano, com o inesperado, se conseguirmos transformar o curso em uma comunidade viva de investigação, com atividades de pesquisa e de comunicação.

Com a flexibilidade, procuramos nos adaptar às diferenças individuais, respeitar os diversos ritmos de aprendizagem, integrar as variações locais e os contextos culturais. Com a organização, buscamos gerenciar as divergências, os tempos, os conteúdos e os custos, estabelecemos os parâmetros fundamentais.

Um curso de boa qualidade não valoriza só os materiais feitos com antecedência, mas o modo como eles são pesquisados, trabalhados, apropriados, avaliados. Traça linhas de ação pedagógica maiores (gerais), que norteiam as ações individuais, mas sem sufocá-las. Respeita as maneiras de aprendizagem e todos os estilos de professores e alunos. Personaliza os processos de ensino e de aprendizagem, sem descuidar do coletivo. Permite a cada professor/monitor encontrar seu estilo pessoal de lecionar, no qual ele se sinta confortável e realize melhor os objetivos, com avaliação contínua, aberta e coerente.

Um bom curso, presencial ou a distância, sempre será caro, porque envolve qualidade pedagógica e tecnológica. E qualidade não se improvisa, tem um alto custo – direto ou não – para ser mantida. Mas vale a pena. Só assim podemos avançar de verdade.

Quando um bom curso termina, entristecemo-nos, mas, ao mesmo tempo, isso nos motiva a encontrar formas de manter os vínculos criados. Um curso bom termina academicamente, porém continua na lista de discussão, com trocas posteriores, com os colegas se ajudando, enviando novos materiais, informações, apoios. Guardamos um curso bom dentro do coração e na memória, como um tesouro precioso. Professores e alunos precisam estar atentos para valorizar as oportunidades que surgem para participar de experiências significativas de ensino/aprendizagem presenciais e virtuais. Elas nos mostram que estamos no caminho certo e contribuem para nossa maior realização profissional e pessoal.

Como melhorar os modelos de gestão

É preciso, tanto na EaD como na presencial, conciliar dimensões em parte contraditórias: participação, descentralização de decisões, flexibilidade na gestão com comando, liderança, visão estratégica.

Em universidades grandes, principalmente de gestão pública, a quantidade de instâncias intermediárias (conselhos representativos em vários níveis hierárquicos) garante, de um lado, maior participação dos vários segmentos representados, mas, na prática, elas acabam em si mesmas, pela falta de visão de conjunto, privilegiam seus grupos de apoio e retardam decisões estratégicas. Em universidades com forte liderança de gestão, as decisões são mais ágeis, se avança mais rapidamente, mas elas costumam ser tomadas sem real consenso, sem consulta e levando em conta mais as questões administrativo-financeiras que as inovações didáticas necessárias.

As universidades públicas têm muita dificuldade em sair do modelo individualizado de gestão, tanto no presencial como nos cursos a distância. Em nome da autonomia, cada uma faz seu projeto pedagógico, sua construção do material e sua gestão individual dos cursos. É um modelo aceitável no início, quando se está aprendendo. No Brasil, quem sabia um pouco ensinou a quem estava começando e ainda muitas instituições se encontram na etapa de conhecer, pela primeira vez, o processo de EaD.

Estamos entrando numa fase de grande expansão, amadurecimento e consolidação. E para otimizar recursos, melhorar a qualidade e atingir mais alunos as instituições públicas podem repensar o modelo de gestão individual e passar para uma gestão mais compartilhada e integrada. Há certo nível de compartilhamento atual. A maioria adota o ambiente digital Moodle, com bastante intercâmbio de conteúdos dos mesmos cursos por algumas instituições. Contudo, ainda prevalece a ideia de que os materiais de terceiros servem como ponto de partida, mas precisam ser adaptados, customizados para cada região. Às vezes é necessário. Em outras ocasiões, é um desperdício de recursos. Por que todos têm de elaborar seus materiais nos cursos de formação de professores? Não seria melhor estabelecer um acordo, de forma que as instituições mais reconhecidas em uma área se encarregassem da elaboração desses materiais e atividades, e as demais fizessem pequenas adaptações, postadas na *web*, para baratear os custos?

Em EaD, a escala é fundamental; a integração, também. Esse é o grande obstáculo para termos um avanço efetivo na gestão de EaD pública: superar a desconfiança dos outros e agir de forma mais coordenada. Como no Brasil perdemos o *timing* de criar uma universidade aberta nos moldes da Uned, da Espanha, ou da Open, da Inglaterra – que possuem recursos e atribuições legais de uma grande universidade nacional –, podemos aperfeiçoar o modelo de gestão integrada, escolhendo uma equipe de coordenação pedagógica e executiva com competência, respeito e poder delegado pelos conselhos de reitores e outros órgãos semelhantes para fazer a gestão efetiva pedagógica, tecnológica e financeira, visando otimizar os recursos, melhorar os modelos, avaliar melhor todo o processo. Assim, avançaríamos bem mais rápido e com custos menores por aluno. O passo seguinte seria criar um arcabouço legal para dar poder efetivo de gestão à EaD nas instituições públicas, com poder para implementar políticas de educação a distância no ensino superior que combinassem a centralização necessária das grandes diretrizes com a execução regional, atenta ao local.

Tudo isso pressupõe discussão, amadurecimento, acordos e leis. Se foi possível implementar um consórcio de universidades públicas federais e estaduais no estado do Rio de Janeiro, quando ainda estávamos engatinhando na EaD no ensino superior, muito mais necessário e eficaz será pensar agora em uma estrutura mais consistente, que organize as ações e ultrapasse o gerenciamento individual para atuar de forma integrada, proativa e avançada, pedagógica e gerencialmente, equilibrando o regional e o nacional.

Algumas dificuldades da EaD

Há um excesso de oferta de cursos presenciais e a distância nas mesmas áreas. Percebem-se poucos diferenciais entre cursos com modelos semelhantes. Existe muita cópia de estrutura curricular, de metodologias, de projetos. E pouca criatividade. O MEC exige avaliação presencial. Muitas instituições entendem a avaliação como prova e ainda no formato de múltipla escolha. Há muitos modos criativos de avaliar sem ser com prova.

Os modelos de avaliação do MEC privilegiam o acompanhamento local. É possível fazer cursos com bom atendimento *on-line* e pouco acompanhamento presencial. É possível fazer um curso totalmente *on-line* em muitos países. Aqui, legalmente, não – para certificação pelo MEC. Isso faz parte do momento atual, da regulamentação presente, mas acreditamos que não se sustentará por muito tempo porque pode inibir propostas de outros cursos, com projetos inovadores.

Tecnologicamente, estamos passando para modelos mais personalizados de aprendizagem, com qualidade e acompanhamento. Os ambientes na internet ainda são relativamente pobres, mas apontam para a imersão em ambientes virtuais mais ricos, audiovisuais (como o Sloodle), combinados com a mobilidade do celular, cada vez mais um computador em miniatura.

Ainda predominam os modelos industriais de EaD, que organizam os processos de forma "tayloriana", com materiais iguais para todos, atividades iguais, avaliação igual. Ganha-se em escala, em economia. Perde-se em flexibilidade, inovação, adequação a ritmos e formas diferentes de aprender.

Podemos aprender com muito apoio local ou com mais apoio a distância. Podemos ter cursos com propostas diversas, de acordo com os diferentes alunos. Podemos utilizar estratégias e mídias diversificadas.

Hoje, o presencial pauta a EaD no Brasil. Os cursos precisam ter a mesma duração nas duas modalidades, quando no mundo inteiro a educação a distância possibilita aprender em tempos mais curtos, dependendo do curso e do aluno.

Os momentos fortes da EaD no Brasil são os presenciais: a avaliação e o acompanhamento local. Em muitos países ou modelos é possível fazer cursos com bem mais apoio virtual e com avaliações a distância.

Um dos exemplos desse excessivo detalhamento acontece na definição de 20% de atividades a distância em cursos superiores presenciais. Em um primeiro momento, pareceu um avanço, mas depois percebemos que outros países que não regulamentam porcentagens no mesmo assunto têm mais liberdade e flexibilidade para escolher diferentes graus de relação entre o presencial e o a distância. As instituições podem definir o grau de atividades a distância de acordo com as necessidades de cada curso. Isso facilita o avanço dos cursos semipresenciais, possibilitando mais rapidez e propostas diversificadas, e sua integração com a EaD como um todo.

Aqui no Brasil discutimos se ficamos nos 20% ou ampliamos as atividades para 40%. Por que definir uma porcentagem, seja ela qual for? O mais importante seria analisar o projeto e sua implementação. Assim, em cada área de conhecimento, necessitaríamos de atividades semipresenciais diferentes, e cada instituição precisaria justificar seu projeto quanto a coerência, competência e implementação.

Um tópico delicado da legislação da EaD é predefinir a área de atuação da instituição e fazer parcerias antecipadas em cada polo local. Acreditamos que seria mais conveniente que a instituição fizesse um cronograma de desenvolvimento e expansão de atividades, capacidade e qualidade de atendimento à demanda, das condições da infraestrutura e não se seriam necessariamente em tal cidade ou em outra. O conceito de educação a distância se choca frontalmente com o de delimitação geográfica. O importante não é a proximidade física do aluno, mas o projeto de organização da sua aprendizagem, de acompanhamento das atividades e de planejamento do seu crescimento. O MEC pode acompanhar o projeto, supervisionar, fiscalizar sua execução, mas não impedir, *a priori*, a possibilidade de expansão para outros locais, se feita dentro das propostas iniciais do projeto apresentado. Quando há um crescimento exagerado, desproporcional ao projeto inicial aprovado, aí sim podem-se enviar equipes de acompanhamento, de supervisão, para avaliar esse salto brusco, ver se está de acordo com o modelo de acompanhamento dos alunos, principalmente dos que moram longe.

Outro conceito problemático é o de polo local. É necessário dar apoio ao aluno, mas com a evolução das redes e da tevê digital a importância do polo local é relativa, isto é, depende de cada curso, do projeto pedagógico, de sua organização. Tecnicamente, hoje é possível fazer acompanhamento adequado sem a presença física e ter formas de avaliação em processo e mesmo pontuais com graus de segurança satisfatórios. A legislação é restritiva conceitualmente.

Entendemos que há excessos, mas não podemos exigir em um curso a distância polos e avaliações presenciais. Se o curso é a distância, por que a avaliação precisa ser presencial e valer mais que todas as atividades feitas a distância? É um evidente contrassenso e mostra preconceito em relação à modalidade de EaD. Temos universidades no exterior que podem ser cursadas totalmente *on-line*. Por que, legalmente, no Brasil isso é impossível?

O conceito de polo não pode ser único. Podemos ter polos – quando preciso – com estruturas diferentes para projetos diferentes. Uma coisa é coibir excessos que acontecem; e outra é normatizar o conceito, exigindo um só modelo de polo como possível. Polos instalados em instituições de ensino autorizadas a funcionar pelo MEC deveriam ser aceitos sem necessidade de vistoria prévia.

Reconhecemos que os cursos organizados via satélite e telessalas trazem problemas novos, como a quantidade de salas viáveis simultaneamente, para que aconteça um nível mínimo de interação entre professor e alunos, e destes entre si. Mesmo nessa modalidade, se o projeto foca mais nas atividades *on-line* que nas aulas, o importante é supervisionar as atividades de pesquisa, atendimento ao aluno e avaliação mais que nas aulas em si. Tornam-se importantes a escolha e a formação dos tutores, a qualidade do atendimento e o modelo de tutoria, passando do modelo de tutor-generalista (que acompanha todas as disciplinas) para o de tutor por área ou de tutor-especialista em áreas específicas.

Algumas instituições apresentam projetos bem elaborados e depois os alteram na prática, às vezes um pouco pelo ritmo, pela demanda, de modo que dois ou três anos depois eles estão desfigurados. Isso é preocupante. Por outro lado, encontramos instituições que aprendem com a prática, que modificam o projeto para melhorá-lo, não piorá-lo. Em nome da autonomia, algumas universidades banalizam o ensino, o atendimento ao aluno, a capacitação dos professores ou tutores. Há muito discurso pedagógico que oculta os interesses claramente comerciais. Instituições que banalizam o ensino presencial tendem a encontrar fórmulas de banalizar ainda mais a EaD.

A escolha dos professores-tutores precisa ser muito mais criteriosa. Também é necessário haver uma política efetiva de capacitação continuada para eles e toda a equipe de EaD – consta nos projetos, mas é realizada com deficiências, na prática. O tutor é um professor, deve ser acolhido institucionalmente e não ser marginalizado. A contratação não deve ser por bolsa de apoio, principalmente quando o tutor é permanente. Pode-se oferecer uma bolsa, em caráter experimental, nos primeiros meses, mas depois é preciso incluí-lo na categoria docente, de forma clara e específica.

Outro ponto controverso da atual legislação é a exigência do reconhecimento de cursos feitos no exterior ou realizados em parceria com instituições estrangeiras. Da maneira que está, a lei é bem restritiva, não reconhecendo a competência de instituições sérias estrangeiras, o que poderia ser feito automaticamente, sem a exigência do penoso envio da documentação às universidades brasileiras, que não assumem prazos. Tenta-se evitar que instituições pouco idôneas ofereçam diplomas, mas generalizar a necessidade de que universidades brasileiras validem os diplomas obtidos no exterior é burocrático, penoso e injusto.

Da mesma forma, a determinação legal de que os cursos a distância tenham uma duração igual ou superior à dos presenciais pode ser questionada. A EaD é flexível e pode ser realizada em tempos e ritmos diferentes. Sabemos que essa determinação de equiparação do tempo visa frear o uso de instituições que querem vender a ilusão da diplomação fácil, feita em pouco tempo. É uma norma que mostra bom-senso prático, mas insustentabilidade legal. Alunos e grupos, mais dedicados, ou alunos adultos, que poderiam ser dispensados de uma parte do currículo, poderiam terminar o curso em menos tempo que o presencial, e isso é impedido legalmente.

Outra questão mal equacionada é a dificuldade em ter cursos de mestrado e doutorado a distância recomendados. Em um país que precisa desesperadamente de professores, gestores e pesquisadores mais capacitados é chocante perceber as barreiras claras e as sutis para aprovação de um mestrado profissional ou acadêmico a distância. Enquanto na graduação há uma explosão de cursos e de quantidade de alunos, no *stricto sensu* não se percebe uma abertura para a EaD, mesmo com a pressão de milhares de alunos que não conseguem vagas em programas presenciais tradicionais. Quanto mais adulto e escolarizado é o aluno, mais se poderia utilizar a modalidade a distância. Mas não é isso que acontece até o momento. Também sabemos que existem áreas de conhecimento em que há mais necessidade de pesquisas em laboratório presenciais, porém está claro que há uma defasagem entre as possibilidades e a realidade no *stricto sensu* a distância.

Repensando a educação a distância

Podemos avançar muito na personalização das propostas, fazendo-as mais abertas, com forte aprendizagem colaborativa, em redes flexíveis, e respeito ao caminho de cada um. Na EaD, o aluno poderia ter seu orientador, como acontece na pós-graduação. Esse orientador seria o principal interlocutor responsável pelo percurso do aluno, definiria com ele as disciplinas mais adequadas, as atividades mais pertinentes, os projetos mais relevantes. Teríamos cursos mais síncronos e outros mais assíncronos, alguns com muita interação e outros com roteiros predeterminados, uns com mais momentos presenciais enquanto outros aconteceriam só na *web*. Essa flexibilização de processos e modelos é fundamental para avançarmos mais, para adequar-nos às inúmeras possibilidades e necessidades de formação contínua de todos.

Precisamos, sim, de alguns parâmetros de qualidade para afastar os grupos inescrupulosos, mas sem a asfixia de uma regulação tão detalhista, que termina padronizando e sufocando iniciativas que seriam muito bem-vindas e úteis. Diante da dificuldade de muitos alunos em adaptar-se ao processo de aprendizagem a distância, vale a pena pensar em propostas que implantem a metodologia da EaD de forma mais progressiva. São exemplos de cursos a distância com alunos com maiores dificuldades (em média) de autonomia: Educação de Jovens e Adultos (EJA), cursos técnicos, tecnológicos, graduação de cursos com alunos com pouca fluência de leitura, escrita e pouca independência pessoal. Os alunos desses grupos poderiam ter um processo de entrada mais suave na EaD, começariam com uma ambientação técnico-pedagógica para a EaD mais forte, feita presencialmente em parte, em laboratórios, com bastante mediação tutorial.

O primeiro ano desses cursos teria uma carga horária presencial maior que a habitual, haveria mais encontros presenciais, tutoria local e aulas ao vivo junto das demais atividades *on-line*, que seriam em quantidade menor. As aulas seriam mais informativas, ao vivo ou por videoaulas fáceis, com histórias, representações e entrevistas, como acontece, por exemplo, no Telecurso 2000 e no Tele TEC, ambos concebidos pela Fundação Roberto Marinho juntamente com outras instituições. As atividades poderiam ser feitas em pequenos grupos presenciais e virtuais para aprenderem juntos, apoiar-se, manter vínculos, não desistir. Progressivamente haveria mais leitura, e atividades mais complexas individuais e em grupo via *web*.

Com esse ano de transição entre o modelo presencial e o a distância, o aluno estaria mais bem preparado para enfrentar os desafios rumo a uma maior autonomia, para poder gerenciar melhor o seu tempo e trabalhar mais virtualmente. Assim, a partir do segundo ano, aumentaria a virtualização do curso, com menos encontros e tutoria presenciais, e mais orientação e atividades pela *web*.

Cursos de formação de professores, que hoje utilizam mais a *web*, poderiam incorporar videoaulas ou teleaulas interessantes e motivadoras como elementos enriquecedores da experiência de aprender *on-line*. Cursos que se baseiam em textos na *web*, mesmo que bem produzidos e em tom dialógico, exigem um salto cultural grande demais, em um primeiro momento, para alunos vindouros de escolas pouco exigentes que não desenvolveram o hábito da pesquisa contínua e produção autônoma.

É interessante a organização de aulas produzidas de modo mais inteligente e econômico, principalmente na formação de professores. As universidades públicas, por meio da gestão da UAB, poderiam criar materiais, principalmente audiovisuais, de maneira integrada, gastando menos recursos na produção e concentrando-os mais na tutoria e na adaptação à realidade regional. Universidades com mais competência reconhecida em algumas áreas fariam essas produções de videoaulas e do material de apoio básico (livros, apostilas, atividades etc.), que serviriam de base para os cursos semelhantes de outras instituições e teriam algumas adaptações regionais, aproveitando a maior parte da produção já pronta.

Em EaD não precisamos todos fazer tudo. A especialização pode baratear enormemente os custos, sem diminuir a qualidade. Esses materiais estariam disponíveis no portal do MEC para todas as instituições públicas e privadas. A verba para a educação vem dos nossos bolsos, os contribuintes, e se um material pode ser útil para muitos por que não disponibilizá-lo? A EaD não é só conteúdo pronto, mas conhecimento construído a partir de leituras, discussões, vivências, práticas, orientações, atividades. Disponibilizaríamos os materiais básicos e cada instituição os adaptaria ao seu projeto pedagógico. Por que todos temos de fazer os mesmos materiais sempre de maneira isolada, principalmente na formação de professores?

Nos cursos presenciais, poderíamos também flexibilizar a relação presencial-digital de forma progressiva. No primeiro ano, as atividades aconteceriam mais na sala de aula. Haveria maior ênfase na aprendizagem do uso das tecnologias digitais, realizada no laboratório até o aluno ter domínio do virtual e poder fazê-lo a distância. Algumas disciplinas teriam, no máximo, nesse primeiro ano, 20% de atividades a distância. Do segundo ano em diante, a porcentagem de EaD poderia aumentar até chegar à metade em sala de aula e metade a distância – sem ultrapassar a carga total de 20% a distância, enquanto a legislação vigente não mudar.

Nos modelos *web* é importante utilizar mais a videoaula, a teleaula, a webconferência e as tecnologias móveis. Nos modelos de teleaula convém ter menos aulas expositivas e melhorar a produção, combinada com atividades significativas em sala e na *web*. Nesses modelos, precisamos aproveitar melhor os recursos da *web* e as tecnologias móveis.

A educação a distância nos cursos presenciais

Estamos caminhando para uma etapa de integração bem maior entre o presencial e o virtual. Algumas instituições já perceberam que a flexibilidade é inevitável. Propõem cursos que podem ser feitos presencialmente ou a distância, com maior integração e, às vezes, sem que o aluno perceba-o como um curso a distância. Os cursos presenciais terão cada vez mais atividades a distância em proporção superior à atual, de forma que perderá sentido a separação entre o presencial e o a distância, como acontece até agora.

O semipresencial é o modelo mais viável para a maioria das universidades nos próximos anos, para alunos que moram perto do *campus*. Em todos os níveis de ensino, teremos momentos juntos e atividades personalizadas de inserção em projetos, práticas e pesquisa combinadas com atividades de interação, de colaboração. Todas as universidades e organizações educacionais, em todos os níveis, precisam experimentar novas soluções para cada situação. Por seu lado, os legisladores devem ser cautelosos na normatização para não inviabilizar os avanços necessários na EaD.

Dependendo do projeto pedagógico do curso, da instituição, da idade do aluno, haverá diferentes formatos de curso, níveis de flexibilidade, de orientação. Mas todos terão muito menos presença física do que há hoje, menos horários rígidos como acontece atualmente.

O semipresencial avançará porque se adapta muito mais à nova sociedade aprendente, conectada; porque as crianças e os jovens já têm uma relação com a internet, as redes, o celular e a multimídia muito mais familiar do que os adultos. O semipresencial já é uma experiência vivida em muitas outras situações por eles. A escola é que não os está acompanhando. O semipresencial avançará também porque para os mantenedores das escolas reduzirá custos de utilização de infraestrutura, de ocupação de espaço, de horas/aula de professores. E a legislação precisa possibilitar essa flexibilidade das formas de ensino e aprendizagem que mais se adaptem às necessidades de cada pessoa e grupo em todos os níveis de ensino.

Com a evolução acelerada das tecnologias de comunicação audiovisual em tempo real e o seu custo proporcionalmente menor, podemos repensar a organização dos cursos presenciais. Com o avanço da comunicação audiovisual em tempo real, por meio de teleaula, videoconferência ou internet banda larga, podemos pensar em professores atendendo a várias turmas/salas ao mesmo tempo, interagindo com elas ao vivo e organizando atividades a distância, com ajuda de assistentes.

O sistema bimodal, semipresencial, ou *blended* – parte presencial e parte a distância – mostra-se o mais promissor para o ensino nos diversos níveis, principalmente no superior. Combina o melhor da presença física com situações em que a distância pode ser mais útil na relação custo-benefício.

Educação a distância: pontos e contrapontos

Um dos maiores desafios de hoje, nas universidades e escolas, é tornar mais flexível o currículo de cada curso, integrando e inovando as atividades presenciais e as realizadas a distância.

Algumas disciplinas mais básicas ou comuns a vários cursos podem ser colocadas na *web* depois de um bom planejamento e desenho do curso. Esse material, leve, atraente e comunicativo, pode servir de base para a informação necessária ao aluno, para que ele o acesse pessoalmente, antes de realizar algumas atividades. Essas disciplinas, com o material na *web*, podem ser compartilhadas por mais de um professor ou tutor, quando são muitos os alunos. Isso permite que elas sejam oferecidas quase integralmente a distância.

Vale a pena rediscutir o limite de 20% de disciplinas *on-line*, imposto pelo MEC. Por que 20% e não 30% ou 50%? As universidades poderiam flexibilizar seus currículos até chegar a uma carga horária média de 50% para aulas presenciais e 50% a distância. Cada instituição definiria qual é o ponto de equilíbrio entre o presencial e o virtual, de acordo com cada área do conhecimento. Isso porque há disciplinas que necessitam mais da presença física, como as que utilizam laboratório ou interação corporal (dança, teatro etc.). O importante é experimentar várias soluções nos diversos cursos. Todos estamos aprendendo e nenhuma instituição está, ainda, muito à frente na inovadora educação *on-line*.

Manter os alunos por menos tempo em salas de aula convencionais também permite maior rotatividade de alunos nos mesmos espaços físicos. Dessa forma, a necessidade de construir e ampliar salas e prédios diminui e torna-se possível otimizar os espaços já existentes. Com 25% de um curso feito a distância, podem-se criar grades de três horas diárias por turma, o que permite organizar duas turmas diferentes por período e duplicar o uso de cada sala. Se aplicarmos esse raciocínio em uma escola com muitas turmas, é possível baratear o custo final da mensalidade de cada aluno sem perder qualidade.

Com todas as cautelas e problemas que esse tema carrega, é importante que as universidades reorganizem seus currículos e projetos pedagógicos. As que têm mais autonomia podem flexibilizar os currículos de acordo com cada área de conhecimento, experimentando modelos diferentes. Instituições multicampi podem organizar modelos combinando videoconferência ou webconferência para determinadas aulas, com professores especialistas, tutoria com professores-assistentes e atividades a distância via internet. A implantação pode ser progressiva, para fazer uma transição sem traumas do totalmente presencial para o semipresencial.

Considerações finais

Em um mundo conectado em redes, onde aumenta a mobilidade, a EaD passou hoje de uma modalidade complementar a eixo norteador das mudanças profundas da educação, em todos os níveis, para todos os públicos, ao longo da vida de todas as pessoas.

Podemos ir menos dias a uma escola e continuar aprendendo de forma significativa. Isso implica rever a restrição dos 20% a cursos a distância, mudar o currículo, com menos engessamento de disciplinas e processos, com foco maior em pesquisa, desafios, jogos e produções interessantes, nos ensinos superiores, médio e, com mais cuidado, no fundamental.

As tecnologias digitais, leves e móveis, facilitam a pesquisa, a comunicação e a divulgação em rede. Podemos integrar ambientes digitais de aprendizagem mais organizados e estruturados com outros mais personalizados e participativos – *blogs*, *podcasts*, documentos colaborativos, vídeos compartilhados. Nos ambientes mais formais, acontecem a sequência e o registro de cada etapa; nos mais informais, a colaboração, a individuação, os percursos pessoais e grupais, as contribuições mais pontuais. Ambos podem estar integrados, conviver com níveis variados de acesso, que, sempre que possível, permitam um trânsito fácil para todos os participantes. A combinação dos ambientes formais com os informais, feita de forma integrada, nos permite a necessária organização dos processos com a flexibilização da adaptação de cada aluno.

Todos os processos se digitalizam, tanto os administrativos como os pedagógicos. Tudo se integra com tudo, tudo e todos podem falar com todos. Isso agiliza a tomada de decisões, permite a horizontalização de processos que envolvem a todos, diminui a burocracia, torna as estruturas físicas mais compactas e as acadêmicas mais leves. Nos mesmos prédios, podemos colocar bem mais alunos porque podem ser programadas maior rotatividade de ocupação de espaços e a diminuição de tempos necessários de estarmos todos juntos nos mesmos lugares e tempos.

É possível ensinar e aprender com qualidade com frequência diferenciada, conforme idade, complexidade do curso e necessidade maior ou menor de práticas supervisionadas. Em média é possível termos cursos com qualidade que exijam um ou dois períodos presenciais semanais no máximo, se conseguirmos organizar processos e atividades digitais significativos no restante do tempo, com mediação de docentes experientes.

Precisamos tornar a organização curricular mais semipresencial e flexível, com metodologias mais centradas nos alunos, na colaboração e na adequação a ritmos de aprendizagem diferentes. A separação entre ensino presencial e a distância ainda tão evidente tem de ser revista, aproximando mais as metodologias de ambos, adaptando-as a alunos progressivamente conectados com tecnologias portáteis, leves e poderosas.

Com as tecnologias cada vez mais rápidas e integradas, os conceitos de presença e distância se alteram profundamente e as formas de ensinar e aprender também. Estamos caminhando para uma aproximação sem precedentes entre os cursos presenciais (cada vez mais semipresenciais) e os a distância. Os primeiros começam a ter disciplinas parcialmente a distância e outras totalmente a distância. E os mesmos professores que estão no presencial-virtual começam a atuar também na EaD. Teremos inúmeras possibilidades de aprendizagem que combinarão o melhor do presencial (quando possível) com as facilidades do virtual.

Em poucos anos dificilmente teremos um curso totalmente presencial. Por isso, caminhamos para fórmulas diversificadas de organização de processos de ensino e de aprendizagem. Vale a pena inovar, testar, experimentar, porque avançaremos mais rapidamente e com segurança na busca desses novos modelos, os quais estarão de acordo com as mudanças frenéticas que vivenciamos em todos os campos e com a necessidade de aprender continuamente.

Caminhamos para uma flexibilização forte de cursos, tempos, espaços, gerenciamento, interação, metodologias, tecnologias, avaliação. Isso nos obriga a experimentar pessoal e institucionalmente modelos variados de cursos, aulas, técnicas, pesquisa, comunicação. É importante que os núcleos de EaD das universidades saiam do seu isolamento e se aproximem dos departamentos e grupos de professores interessados em flexibilizar suas aulas, que facilitem o trânsito entre o presencial e o virtual. Poucos gestores e instituições são audaciosos para experimentar mudanças mais expressivas. Já não se justifica remendar o que sempre se fez, mas ousar, arriscar mais, inovar para sair da repetição de modelos desgastados, caros e pouco produtivos. Todas as universidades e organizações educacionais, em todos os níveis, precisam experimentar e avançar com coragem rumo à integração do presencial com o virtual, garantindo a aprendizagem significativa de qualidade.

Referências bibliográficas

ALMEIDA, M. E. "As teorias principais da andragogia e heutagogia". *In*: LITTO, F.; FORMIGA, M. (Orgs.). *Educação a distância: o estado da arte*. São Paulo: Pearson Education do Brasil, 2009. p. 105-11.

GATTI, B. *A formação de professores a distância: critérios de qualidade*. Disponível em: <http://www.tvebrasil.com.br/salto/boletins2002/ead/eadtxt1b.htm>. Acesso em: 3 jun. 2010.

LITTO, F.; FORMIGA, M. (Orgs.). *Educação a distância: o estado da arte*. São Paulo: Pearson Education do Brasil, 2009. p. 105-11.

MORAN, J. M. "A educação a distância e os modelos educacionais na formação dos professores". *In*: BONIN, I. et al. *Trajetórias e processos de ensinar e aprender: políticas e tecnologias*. Porto Alegre: EdiPUCRS, 2008. p. 245-59.

NASCIMENTO, F.; CARNIELLI, B. L. *Educação a distância no ensino superior: expansão com qualidade?* Campinas: ETD – Educação Temática Digital, v. 9, n. 1, nov. 2007. p. 84-98.

OLIVEIRA, T. Z.; OLIVEIRA, P. C. *Perspectivas sociais e políticas da EaD no Brasil: uma visão panorâmica com foco na produção científica para o setor*. Disponível em: <http://twiki.im.ufba.br/pub/Main/PauloCezarOliveira/artigo_ead_pctz.doc>. Acesso em: 21 maio 2010.

SILVA, A.; SILVA, C. *Avaliação da aprendizagem em ambientes virtuais: rompendo as barreiras da legislação*. Trabalho apresentado no Congresso da Abed 2008, Santos, São Paulo. Disponível em: <http://www.abed.org.br/congresso2008/tc/510200863228PM.pdf>. Acesso em: 10 mar. 2010.

VALENTE, J. A. "Aprendizagem por computador sem ligação à rede". *In*: LITTO, F.; FORMIGA, M. (Orgs.). *Educação a distância: o estado da arte*. São Paulo: Pearson Education do Brasil, 2009. p. 65-71.

VIANNEY, J. "A ameaça de um modelo único para a EaD no Brasil". *Colabor@ – A Revista Digital da CVA-Ricesu*, v. 5, n. 17, jul. 2008. Disponível em: <http://www.ricesu.com.br/colabora/n17/index1.htm>. Acesso em: 27 nov. 2010.

PARTE II
Pontuando e contrapondo

José Armando Valente
José Manuel Moran

Valente: Em geral, na tentativa de definir a EaD na literatura prevalece o fato de existir uma distância temporal e física entre professor e aprendiz, e essa separação é mediada por algum meio técnico, como impressos, rádio, vídeo ou digital. O fato de as tecnologias digitais estarem cada vez mais sofisticadas acaba dificultando a delimitação do que é a distância espacial e temporal entre professor e aprendizes. Ou seja, a EaD está ficando cada vez mais complexa e difícil de ser delimitada.

Por outro lado, definimos a EaD como educação continuada, treinamento em serviço, formação supletiva, formação profissional, qualificação docente, especialização acadêmica e complementação dos cursos presenciais. Essa tentativa de definir a EaD enfatiza as atividades que hoje são realizadas de modo não presencial, no sentido de diferenciá-la das atividades educacionais que acontecem nas instituições de ensino, com local e tempo definidos. Será que essa abertura, que torna a EaD cada vez mais difícil de ser caracterizada, é o que acaba contribuindo para a banalização dessa modalidade de ensino e aprendizagem? Essa abertura não produz uma reação contrária por parte dos órgãos legisladores, na direção de engessar em um crescendo as condições que a EaD pode operar? Assim, qual é a melhor maneira de definir a EaD?

Moran: Realmente, definir a EaD é cada vez mais difícil, porque engloba um maior número de significados, situações mais complexas, atividades diversificadas, conteúdos diferenciados, metodologias muito variadas. Há pouco tempo a EaD estava separada da educação presencial; hoje, muitos cursos presenciais incorporam ao seu projeto atividades a distância. É um grande avanço, mas complica a caracterização do que é a EaD. Para mim, em sentido amplo, EaD é toda atividade de ensino e aprendizagem que não acontece na presença física do professor com seus alunos. Assim, todas as atividades realizadas em casa por alunos de cursos presenciais são a distância, e todos estão desde pequenos fazendo atividades a distância. Em sentido mais restrito, EaD são os processos de ensino e aprendizagem que se utilizam mais de tecnologias de comunicação do que da presença física e permitem maior flexibilidade de tempos, espaços e formas de ensinar e aprender que independem da presença física ou a integram em momentos pontuais, mas não necessários.

A abrangência de situações de ensino a distância é um fenômeno muito rico que, em lugar de banalizar o conceito, mostra seu potencial transformador. Essa abrangência assusta as instituições tradicionais, que procuram defini-la, enquadrá-la, engessá-la. Se hoje temos 20% dos alunos de educação superior estudando em cursos autorizados a distância, é normal que haja regulação, normas. O problema está em querer fazer uma avaliação partindo de pressupostos rígidos, parâmetros limitados, desconfianças *a priori*, como acontece quando exigimos que as avaliações de maior peso sejam feitas presencialmente ou que os mesmos prazos de integralização, os mesmos conceitos de abrangência geográfica sejam considerados.

Valente: A legislação brasileira que rege a implantação de cursos EaD enfatiza a necessidade de atividades presenciais, principalmente para a avaliação da aprendizagem, como já mencionado.

Qual é a razão da exigência da presença? É a falta de conhecimento das potencialidades da EaD? É uma questão cultural, de não acreditar que é possível criar situações, mesmo de avaliações, que possam ser realizadas totalmente a distância? Ou as pessoas realmente acreditam que um curso na modalidade EaD não propicia condições de aprendizagem? Nesse sentido, é comum encontrar professores, nossos colegas de universidade, que afirmam que uma boa educação somente é possível na situação "olho no olho". Portanto, a questão do presencial é fundamental para a EaD?

Moran: A exigência da presença é um preço que pagamos para viabilizar a EaD diante de uma sociedade que tradicionalmente estudou em salas de aula e fez provas ao longo dos seus anos de estudos. Outro motivo é a desconfiança que muitas instituições inspiram, deixando de ensinar o que prometem no projeto pedagógico; e a ideia de que, sem a exigência de uma presença física em alguns momentos, teríamos mais dificuldades no controle do resultado final. Esse é um argumento complicado. Realmente algumas instituições de EaD, assim como as presenciais, banalizam o método, vendem facilidades, atraem alunos com a promessa de uma flexibilidade que é vista como sinal de pouca exigência, de que o aluno pode aprender sem muito esforço, de que basta acessar para aprender. Sem uma supervisão séria, muitas instituições tendem, tanto no presencial como no a distância, a aligeirar as exigências institucionais de oferta de cursos de qualidade. A exigência de uma avaliação presencial não resolve o problema, só dá certo conforto de que se garante a mesma exigência do que no presencial, o que é irreal. O que assegura a qualidade é a seriedade da instituição na sua proposta, a qualificação e a remuneração dos docentes, as metodologias, as condições de oferta dos cursos, a avaliação. Instituições sérias são sérias em ambas as modalidades. Se uma instituição é séria, pode realizar todo um curso sem contato físico e garantir uma aprendizagem efetiva. Isso não pode ser testado em um curso superior a distância no Brasil, por proibição legal.

Valente: Quanto à questão da presença, enfatizamos e propomos, como estratégia de implantação de cursos EaD, a modalidade híbrida ou *blended*, combinando atividades a distância e presenciais. Essa proposta é apresentada como algo que a EaD sempre deverá utilizar, algo que realmente adiciona qualidade ao processo de ensino e aprendizagem? Ou é algo momentâneo, que visa minimizar as controvérsias com relação à EaD, de modo que os cursos nessa modalidade possam ser implantados e as pessoas, gradativamente tomando contato com esses cursos, conheçam-nos melhor, entendam que é possível a formação acontecer em situações totalmente a distância?

Moran: O *blended learning* é uma tendência de evolução dos cursos presenciais, que combina o melhor do presencial com o melhor do a distância. Esse *mix* se aplica a quem pode frequentar um curso regularmente, porque mora perto, e ao mesmo tempo pode realizar um conjunto de atividades a distância de forma mais flexível. Esse movimento se combina com cursos a distância que têm ou não atividades presenciais, enquanto caminhamos para um futuro próximo em que não teremos tanta clareza dessa distinção entre *blended* e *on-line*, por estarem muito mais disponíveis para a escolha de cada um. Em síntese, a tendência é que tudo seja a distância, com diferentes níveis de presença possíveis. O importante não é a modalidade, mas a adequação do projeto pedagógico às necessidades de cada estudante. A tendência é a oferta de possibilidades diversificadas de aprender, de acordo com o momento e a maturidade de cada aluno. Não haverá separação entre modalidades.

Valente: Em "O que é um bom curso a distância" são mencionados diversos referenciais de qualidade, entre eles: descrever como se dará a interação entre estudantes, tutores e professores ao longo do curso; quantificar o número de professores/hora disponíveis para os atendimentos requeridos pelos alunos; planejar o tempo de tutoria presencial e a distância dependendo do tipo de curso; descrever o sistema de orientação e acompanhamento dos estudantes, garantindo que sua evolução e suas dificuldades sejam acompanhadas de perto.

É possível quantificar esses referenciais e explicitar como essas ações podem ser realizadas, de modo que garantam qualidade nos cursos?

Moran: As métricas para definir um bom curso a distância dependem muito do tipo de curso, se é de curta ou longa duração, se é de formação ou de especialização, se tem aulas ao vivo ou não, se o aluno tem maior ou menor autonomia. No estágio atual, em cursos de formação, como os de graduação, alguns parâmetros sinalizam a maior qualidade de um curso. O primeiro é a competência e a qualificação do corpo docente: um *mix* de titulação, experiência, número de alunos que atende. Cursos com menos alunos permitem um contato maior com um especialista, porém são mais caros e inacessíveis à maioria. Por isso na EaD há a combinação de grandes especialistas e bons tutores presenciais e a distância. No caso dos tutores presenciais, a proporção de 1 para 50 alunos costuma ser suficiente para dar um bom atendimento em cursos que não exigem um auxílio mais profundo, por exemplo em atividades laboratoriais. Na tutoria a distância há números discrepantes, que variam de 30 até 150 por turma, que é o padrão MEC atual. A métrica de interação combina quantidade e qualidade: quantidade de vezes que cada aluno posta alguma mensagem e o tutor responde e qualidade das intervenções de ambos.

Um bom curso depende do equilíbrio entre quantidade e qualidade das mensagens postadas, analisadas e respondidas por todos. Uma métrica importante é não deixar um aluno sem resposta por mais de 24 horas. Quanto mais rápida é a resposta, mais motivação o aluno tem para que ela seja significativa. Uma resposta muito distante provavelmente não obterá o resultado desejado porque o aluno se encontrará em um momento diferente, com questões outras que as postadas anteriormente.

O sistema ideal seria que cada aluno tivesse um orientador de aprendizagem personalizado, que o acompanhasse em todo o percurso, como acontece em um mestrado ou doutorado. É possível termos esse modelo, mas ele não é barato nem simples de implementar. O desafio continua em tentar equilibrar quantidade e qualidade: o que pode ser feito de forma padronizada e consegue baixar custos e o que precisa ser personalizado para garantir que cada aluno aprenda melhor. Nossas métricas atuais ainda são muito diferentes porque partem de pressupostos e condições financeiras muito desiguais. É inviável pensar a educação a distância a partir do modelo tradicional presencial.

Moran: Apesar de concordar com a predominância na EaD do modelo de transmissão ou postagem de conteúdos, nos cursos de graduação ou de longa duração constato avanços em um conjunto de estratégias complexas que envolvem compreensão, desafios, interação. Hoje, os cursos *broadcasting* não são apenas transmissão, não são *broadcasting* puro. Temo que estejamos simplificando, em alguns casos, propostas educacionais mais ricas do que parecem vistas de fora. Mesmo os telecursos há muitos anos desenvolvem a recepção organizada, a mediação com atividades em grupo. Nos cursos com teleaulas ao vivo, há um conjunto de atividades e interações muito interessantes por meio de tutoria a distância. A minha questão é, em síntese, problematizar certo esquematismo dos seus modelos.

Valente: As três abordagens apresentadas constituem uma tentativa de caracterizar o que acontece com as diferentes propostas de EaD oferecidas pelas diversas instituições públicas ou privadas. Como caracterização, elas apresentam situações extremadas, correndo o risco de ser limitadas, não condizendo totalmente com a realidade dos cursos existentes. Porém, elas devem ser entendidas como uma tentativa de focar os aspectos mais fundamentais das propostas existentes; para tanto, é importante compreender o papel que essas caracterizações desempenham.

Primeiro, elas não devem ser entendidas como discretas, mas como três referenciais dentro de um contínuo que tem, em um extremo, a abordagem *broadcast*; no outro, a abordagem do "estar junto virtual"; e, entre eles, a "virtualização da escola tradicional".

As fronteiras entre essas abordagens são impossíveis de ser delimitadas. É difícil medir até que ponto a abordagem *broadcast* deixa de ser só a entrega da informação e passa a ser vista como virtualização da escola tradicional. O mesmo acontece entre a fronteira da virtualização da escola tradicional e o "estar junto virtual".

Segundo, os aspectos fundamentais da proposta *broadcast* são o fato de existir uma informação organizada que é entregue ao aprendiz da melhor forma possível e a falta da mediação de um especialista, podendo ser o professor ou um colega mais experiente, que auxilie o aprendiz a significar a informação que está recebendo. Sem essa mediação, cabe ao aprendiz realizar diversas ações, como buscar mais informação, encontrar alguém que possa esclarecê-lo etc. Ou seja, o aluno tem de assumir um papel de autodidata, precisa se "virar" para significar a informação que recebe. Concordo que os recursos oferecidos pela *web* 2.0 e pela sociedade, em geral, estão ficando cada vez mais sofisticados, e essas ações individuais vêm sendo facilitadas. Porém, a realidade é que a responsabilidade pelo processo de aprender, no sentido de construir conhecimento, recai totalmente no aprendiz.

Terceiro, realmente nunca encontrei na literatura nenhuma proposta de curso que explicitamente se apresentasse utilizando a abordagem *broadcast*. Todas elas descrevem a questão da facilidade de receber a informação, a interação com os colegas e professores ou os maravilhosos e eficientes sistemas usados para que os alunos se sintam como parte de uma educação eficiente. No entanto, somente quando analisamos a dinâmica dos cursos, o que realmente acontece no desenrolar das atividades realizadas pelos aprendizes, é que podemos notar as características fundamentais que os norteiam. E não há nenhuma condição para que esses cursos consigam criar mecanismos a fim de que haja construção de conhecimento. Isso acontece por duas razões: a dificuldade de encontrar mediadores que realizem esse papel com eficiência e a questão econômica. Na tentativa de reduzir custos, é muito mais barato enfatizar o preparo e a distribuição da informação do que maximizar a presença de profissionais qualificados para fazer uma boa mediação.

Os telecursos, principalmente o Telecurso 2000, são um exemplo típico. Na proposta original, estava prevista a existência de postos regionais ou locais que deveriam prover suporte pedagógico para que os aprendizes pudessem encontrar pessoas com capacidade de ajudá-los nos processos de aprendizagem. Na verdade, quase todos esses postos foram eliminados, e, quando existem, acabam tendo a função administrativa do curso ou sendo o local em que o aluno realiza as avaliações. A presença de mediadores foi minimizada ou entregue a alguém com poucas condições para realmente ajudar os aprendizes.

Os cursos que utilizam a videoconferência ou as teleaulas têm todas as condições técnicas de realizar as mediações necessárias para a construção de conhecimento. A questão não é técnica. Acontece que, na realidade, eles tornam-se uma exposição para uma grande quantidade de alunos, dentro de um tempo limitado, em que a interação para auxiliar nos processos de construção de conhecimento dos aprendizes é praticamente inexistente. Acabam sendo a massificação *on-line* da entrega da informação, feita diretamente pelo professor.

Moran: A virtualização da escola tradicional é uma realidade. A EaD transfere para o mundo digital os modelos bastante tradicionais do ensino presencial. Mesmo assim, enxergo isso como uma primeira etapa da transposição do presencial para o digital. Aos poucos, percebo que há avanços muito significativos nesses modelos, tanto nas instituições públicas como nas privadas. Estamos caminhando na EaD, em minha opinião, para reelaborações mais sofisticadas do modelo de escola tradicional. O que pensa você da minha percepção?

Valente: Sua percepção é correta. A implementação de praticamente todas as inovações em nossa sociedade sempre foi feita, inicialmente, imitando o que é conhecido e largamente disseminado na cultura. Por exemplo, o automóvel foi concebido inicialmente como uma carruagem na qual o cavalo era substituído pelo motor. No entanto, essa fase de imitação foi transitória e o tempo para que essas iniciativas passassem a ser desenvolvidas por uma indústria própria não foi tão longo assim.

Entendo que essa transição não só deve vencer problemas tecnológicos como também aspectos culturais, adaptações que as pessoas devem fazer ante as inovações. Esse é o caso da EaD. No entanto, a questão aqui não é tanto tecnológica, já que temos todas as condições necessárias para aprimorar a virtualização da escola tradicional e implantar a abordagem do "estar junto virtual". Como descrevo na primeira parte deste livro, essa abordagem já foi utilizada em diversos cursos de formação de educadores. A persistência na implantação da virtualização da escola tradicional está fundamentalmente centrada nos aspectos relacionados às questões educacionais, que consequentemente acabam implicando questões culturais e econômicas.

A concepção educacional na qual a virtualização da escola tradicional está baseada ainda é a escola repassadora de informação, idealizada para atender às necessidades da Revolução Industrial do início do século XX. No entanto, essa visão de escola já não dá conta de proporcionar a formação dos indivíduos, para viver na sociedade do século XXI. Na verdade, a escola deve assumir um novo papel na nossa sociedade e passar a ser geradora de conhecimento (Valente, 2008).

A informação atualmente não está mais restrita à escola e, consequentemente, ao professor, como acontecia até o advento das tecnologias digitais de informação e comunicação (TDIC). A informação pode ser encontrada em praticamente todos os segmentos da nossa sociedade e ser livremente disseminada e acessada por intermédio das TDIC. A questão da educação e o papel da escola não estão mais centrados somente na disseminação da informação, mas no auxílio ao processamento desta e na sua significação por parte do aprendiz, convertendo-a em conhecimento. Assim, a escola deve prover condições para que os alunos desenvolvam atividades que auxiliem no processo de construção de conhecimento, e esse conhecimento gerado deve ser disseminado e compartilhado, de modo que possa ser acessado por intermédio das TDIC.

A dificuldade que a escola tem em passar a ser geradora do conhecimento pode ser entendida por meio de três grandes temas: 1) a falta de compreensão sobre o que significa aprender, que implica entender a diferença entre informação e conhecimento; 2) a pouca compreensão sobre o papel das TDIC na construção de conhecimento e como o professor pode intervir na relação TDIC-aluno-conteúdo; e 3) a falta de uma visão administrativa e pedagógica que entenda a escola como geradora de conhecimento e, portanto, de repensar o papel também da gestão no sentido de ampliar o foco administrativo e pedagógico para o conhecimento gerado na escola, concebendo a instituição escolar como um organismo vivo que aprende, como observado por outros autores (Fullan e Hargreaves, 2000).

Assim, persistir na implantação da abordagem da virtualização da escola tradicional é utilizar recursos poderosos das TDIC para estabelecer um modelo de escola velho, desgastado. É não entender o potencial dos recursos oferecidos pelas TDIC no sentido de permitir um processo educacional que tem todas as condições para promover a construção de conhecimento. Principalmente no caso da EaD, a abordagem do "estar junto virtual" pode criar condições educacionais difíceis de ser conseguidas mesmo na sala de aula presencial. Seria realmente inovar na questão educacional e não apenas incrementar alguns avanços, reelaborações mais sofisticadas do modelo de escola tradicional, porém que ainda mantêm a mesma concepção de escola que transmite informação.

Onde os avanços estão acontecendo? Nas tecnologias utilizadas, no sentido das plataformas de EaD; no desenvolvimento do material instrucional; na combinação de aulas presenciais e via EaD, nos modelos híbridos; na combinação de diversas tecnologias, como as plataformas de EaD e as videoconferências ou teleaulas. No entanto, essas soluções estão a serviço de um modelo educacional que consiste basicamente na transmissão de informação. Mais ainda, em um modelo massificado de transmissão de informação à medida que as propostas de EaD, em geral, são criadas para atender um grande número de alunos e envolvendo tutores que não são adequadamente formados para interagir com eles.

De certa forma, essas questões educacionais provêm de aspectos culturais. Muitos educadores e alunos ainda acham que a educação deve acontecer segundo o modelo de escola tradicional. É comum encontrarmos educadores que ainda acham que a educação somente acontece na relação "olho no olho". Ou alunos demandarem que o professor ministre aulas presenciais. Vencer essa cultura educacional está sendo difícil, especialmente pelo fato de os modelos de EaD não apresentarem algo inovador. Então, na falta de algo novo, persistimos no velho, ou seja, no uso das TDIC para virtualizar a escola tradicional. Muito pouco pode ser encontrado no sentido de valorizar processos de construção de conhecimento, de valorizar o papel do mediador formado para que possa efetivamente auxiliar os aprendizes na construção de conhecimento.

Moran: Na sua análise de como aprendemos, alguns desafios que tecnologias atuais nos trazem tornam mais complexa a mediação do professor. Aprendemos de muitas maneiras, em redes colaborativas, entre pares, em ambientes informais junto com os formais. É difícil, hoje, focar de forma tão veemente o papel do professor como o grande mediador da aprendizagem dos alunos. Não precisaríamos questionar mais nossas teorias de ensino e aprendizagem?

Valente: Nesse aspecto, acho que discordamos. Entendo que a falta de compreensão do que significam o processo de construção de conhecimento e o papel do mediador nesse processo tem sido a causa da banalização do uso das TDIC na educação, especialmente no caso da EaD.

Concordo que conceitos mais simples podem ser apreendidos sem a mediação de um professor. Em alguns casos, o aprendiz pode construir conhecimento como fruto da sua própria reflexão (autodidatismo). Porém, essa construção individual vai até determinado ponto, a partir do qual, por mais esforço que o aprendiz faça, o conteúdo não poderá ser assimilado. Quando os conceitos assumem um caráter mais sofisticado, como os conteúdos curriculares, os conceitos científicos ou os lógico-matemáticos, para que o aluno possa compreendê-los é necessário o auxílio de pessoas mais experientes, como o professor.

Do mesmo modo, pensar que uma comunidade fechada de aprendizes possa coletivamente realizar as adequações necessárias para ser efetivos e auxiliar cada indivíduo no seu processo de construção de conhecimento é superestimar a capacidade educacional dessa comunidade. A interação entre os participantes por meio das TDIC pode facilitar a identificação de pessoas talentosas, que podem assumir, pontual ou circunstancialmente, o papel de agente de aprendizagem (Valente, Coelho e Silva, 2008). Porém, assim como um aprendiz depara com limitações no seu processo de construir conhecimento e, nesse caso, necessita do auxílio de especialistas, a comunidade pode deparar com a mesma limitação – sem o auxílio do especialista, a partir de determinado ponto, passam a ser cegos conduzindo cegos.

Finalmente, pensar que na *web* é possível encontrar pessoas dispostas a auxiliar os aprendizes no seu processo de aprendizagem é assumir uma visão romântica de como as pessoas e as comunidades atuam. O que encontramos na rede são pessoas disponibilizando informação por meio da publicação de artigos nos portais pessoais, a criação de *blogs* discutindo os mais diversos assuntos, ou seja, uma vasta distribuição de informação. A questão é como encontrar pessoas na *web* dispostas a interagir com aprendizes, mediando o processo individual de construção de conhecimento. Não digo que isso seja impossível e até torço para que realmente aconteça. Seria atingir um estado de compreensão sobre a aprendizagem e sobre o papel das pessoas na sociedade que enfatizaria o lado mais nobre do ser humano, que é aprender e auxiliar nos processos de aprendizagem ao longo da vida. Mas, infelizmente, ainda estamos muito aquém desse nível de desenvolvimento humano.

Assim, do ponto de vista educacional, é impraticável pensarmos que tudo que uma pessoa deve saber tenha de ser construído de maneira individual, sem ser auxiliada por outros. Do mesmo modo, é impraticável imaginarmos que uma comunidade é autossuficiente e consegue construir conhecimento continuadamente, sem ser auxiliada por especialistas. Nesse sentido, como afirma Piaget (1998), a construção de conhecimento pode ser aprimorada se for auxiliada por professores preparados para ajudar os alunos ou, como propõe Vygotsky (1986), se for feita por intermédio de pessoas com mais experiência, que podem auxiliar na formalização de conceitos convencionados historicamente. Sem a presença desses especialistas, cabe ao aprendiz recriar essas convenções.

Se há algo que deve ser repensado no processo de ensino e de aprendizagem é justamente o reconhecimento do papel do professor e do educador como mediadores do processo de construção de conhecimento. Isso significa valorizar o aspecto econômico, profissional e, mais importante, criar mecanismos para que esses professores e educadores sejam mais bem preparados para ser efetivos mediadores de processos de aprendizagem. Isso significa entender o que é construir conhecimento, saber identificar os potenciais dos aprendizes, ter domínio da respectiva área de conhecimento, entender como as TDIC podem ser úteis na construção de conhecimento e saber interagir com o aprendiz. A implantação dos mecanismos de formação acontece de modo incremental, é custosa; portanto, a preparação de professores e educadores não acontece de imediato, por decreto. No entanto, quando mais pessoas estiverem preparadas para atuar como educadoras, mais facilmente atingiremos a condição de uma sociedade aprendente, na qual os que sabem auxiliam os que querem saber mais e os que não sabem podem vir a saber.

Moran: Um dos grandes desafios do Brasil, e no qual a EaD pode contribuir muito, é equilibrar quantidade e qualidade. Nas suas considerações da primeira parte, não encontro muita esperança de que isso seja viável. É possível educar muita gente ao mesmo tempo com qualidade?

Valente: Essa pergunta vai ser respondida em duas partes. Primeira, a questão de educar muita gente com qualidade. Os exemplos de uso da abordagem do "estar junto virtual" citados por mim foram extraídos de um grande número de participantes.

Por exemplo, o curso de aperfeiçoamento "Aprendizagem: formas alternativas de atendimento", com 180 horas de duração, foi oferecido pelo Programa de Pós-graduação em Educação: Currículo, da PUC/SP, a 131 professores e gestores vinculados à Superintendência de Educação a Distância e Continuada, Divisão de Inovações, da Secretaria da Educação do Estado de Goiás – SEE/GO. Essa experiência, descrita no livro *Formação de educadores a distância e integração de mídias* (Valente e Almeida, 2007), foi baseada na abordagem do "estar junto virtual" e, pelos resultados alcançados, pode ser considerada de qualidade.

Os professores e gestores foram divididos em grupos de 25 a 29 participantes e cada grupo dispunha de um docente formador, geralmente aluno de doutorado responsável pela parte de conteúdo e mediação pedagógica, e um monitor, aluno de graduação, responsável pelo suporte à parte técnica. A produção realizada pelos professores e gestores, bem como as atividades, o nível de reflexão registrado em diferentes meios, e a avaliação formativa feita ao longo do curso, indica que os aprendizes construíram conhecimento. Dos 131 cursistas matriculados, 120 foram aprovados. Dos 11 reprovados, quatro não frequentaram o curso, desistindo antes do início das atividades propostas, e sete foram reprovados por participação e *performance* inadequadas. Assim, do ponto de vista quantitativo, pode-se afirmar que o curso foi um sucesso, constatado pela alta porcentagem de aprovação, 91%, e pelo baixíssimo índice de evasão e reprovação, 9%.

Embora esse curso tenha trabalhado com somente 131 participantes, número considerado baixo para os padrões de cursos *on-line*, ele poderia ser oferecido a 500, mil ou mais participantes. Nessas condições, para manter a qualidade, é fundamental poder dividi-los em grupos de 25 a 30 participantes e oferecer a cada grupo um tutor com formação adequada e um monitor para auxiliar os aprendizes nas questões tecnológicas.

Acontece que esse padrão de curso é inadmissível do ponto de vista econômico, por parte tanto das instituições privadas como das públicas. É difícil negociar com os patrocinadores desses cursos a estrutura de grupos de aprendizes com 25 ou 30 participantes e o envolvimento de tutores devidamente qualificados. Mesmo nos cursos oferecidos pelas instituições públicas é comum encontrar grupos de cem participantes, tendo um tutor por grupo, muitas vezes sem formação adequada para a mediação pedagógica.

Isso significa que a maioria das propostas de EaD ainda está no estágio da valorização da quantidade em detrimento da qualidade.

São raros os cursos que procuram manter uma estrutura que valorize a interação professor-aprendizes e entre estes nos moldes do que foi discutido anteriormente. Essa situação acaba perpetuando a ideia de que a EaD promove o sucateamento da educação, ou uma educação de segunda classe, tipo tapa-buraco.

A segunda parte da pergunta está relacionada com a primeira. De fato, existe certo ceticismo da minha parte quanto ao papel da EaD como solução para os problemas educacionais do Brasil. Considerando as necessidades educacionais da população brasileira, o fato de ainda existir um grande contingente de pessoas totalmente analfabetas ou pessoas consideradas analfabetas funcionais, incapazes de preencher um formulário ou interpretar um texto, é impensável a realização de cursos de formação baseados na EaD que não privilegiem a qualidade. Insistir na criação de cursos que enfatizam a quantidade, mesmo para os cursos presenciais, é perpetuar a produção de alunos analfabetos funcionais e profissionais obsoletos.

No caso da EaD, a ênfase na quantidade acaba criando ações educacionais que prometem o que não têm condições de cumprir. Primeiro, não há nada de errado em propiciar cursos a distância que somente tornam disponível a informação. O que é inaceitável é esse curso ser apresentado como uma proposta que promove a construção de conhecimento. Nessas circunstâncias, mesmo que o aluno esteja construindo seu conhecimento sem a interação professor-aluno não é possível comprovar que as ações que o aluno desenvolve são fruto desse processo educativo. Segundo, não é verdade que, pelo fato de a EaD usar recursos das TDIC, que facilitam a manipulação da informação, a abordagem pedagógica utilizada tenha de enfatizar a transmissão da informação. Muito pelo contrário. As TDIC possibilitam o "estar junto virtual", que cria condições de construção de conhecimento em situações muito mais favoráveis do que as encontradas em ambientes educacionais presenciais, como foi discutido na primeira parte. Terceiro, a EaD não necessariamente tem de utilizar abordagens que só privilegiam a quantidade. Certamente, a ênfase na quantidade possibilitará um tipo de educação que será melhor do que não oferecer nada, do que não ter nenhuma alternativa educacional, como acontece em muitas situações no Brasil. Porém, essa educação não terá condições de preparar indivíduos para sobreviver na sociedade do século XXI. A viabilização dessas propostas com ênfase na quantidade tem um viés político, mas não pode ser interpretada como intrínseca à EaD. Como já foi dito, a EaD tem condições de propiciar situações educacionais que podem formar indivíduos mais bem preparados do que se tem conseguido com as soluções presenciais tradicionais.

A minha esperança é que esse estado comece a ser revertido à medida que o país passe a lidar com situações mais complexas, como o meio ambiente, as questões energéticas, o uso de sofisticações tecnológicas, que certamente vão exigir profissionais mais bem formados em todos os níveis, do técnico ao superior. Nesse caso, a qualidade da formação deverá ser fundamental e, consequentemente, as políticas e as propostas educacionais terão de privilegiar, além da quantidade, a qualidade. Essa preocupação parece já ter sido observada na educação básica, sendo consenso que não basta garantir que 100% da população na idade escolar esteja na escola. É preciso pensar na qualidade dessa educação. Oxalá essa mesma preocupação comece a fazer parte das propostas de EaD.

Referências bibliográficas

FULLAN, M.; HARGREAVES, A. *A escola como organização aprendente: buscando uma educação de qualidade*. Porto Alegre: Artes Médicas Sul, 2000.

PIAGET, J. *Sobre pedagogia*. São Paulo: Casa do Psicólogo, 1998.

VALENTE, J. A. "A escola como geradora e gestora do conhecimento". *In*: GUEVARA, A. J. H.; ROSINI, A. M. *Tecnologias emergentes: organizações e educação*. São Paulo: Cengage Learning, 2008.

VALENTE, J. A.; ALMEIDA, M. E. B. (Ed.). *Formação de educadores a distância e integração de mídias*. São Paulo: Avercamp, 2007.

VALENTE, J. A.; TAVARES SILVA, T.; ZAHED COELHO, S. "La comunidad de aprendizaje como médio de capacitación de funcionarios del Estado y para la identificación de talentos". *In*: ILLERA, J. L. R. (Org.). *Comunidades virtuales de práctica y de aprendizaje*. Barcelona: Universitat de Barcelona, p. 97-123, 2008.

VYGOTSKY, L. S. *Thought and language*. Cambridge: The MIT Press, 1986.

PARTE III
Entre pontos e contrapontos

José Armando Valente
José Manuel Moran
Valéria Amorim Arantes

Valéria: Caros colegas, começarei meus questionamentos retomando uma questão já tratada por vocês que me parece de grande relevância tanto para o ensino a distância como para o ensino presencial. Trata-se da necessidade de criar condições para que a aprendizagem ocorra com base em duas perspectivas: informação e conhecimento. Concordo com Valente quando afirma que a falta de compreensão do real significado do processo de construção do conhecimento e do papel do mediador no processo de ensino e aprendizagem tem levado à banalização do uso das TDIC na educação, em especial em EaD. Como preparar os profissionais da educação, especialmente aqueles que atuam em EaD, para que compreendam e atuem de acordo com os pressupostos do construtivismo?

Moran: A educação a distância é uma modalidade da educação, isto é, uma maneira de organizar processos de ensino e aprendizagem que pode ser semelhante ao modo presencial, porém, ao final, deve promover os mesmos resultados: a formação integral dos alunos em nível intelectual, emocional e ético. Estamos longe desse objetivo tanto no que diz respeito à educação presencial como a distância.

No Brasil, a maior parte dos profissionais de EaD no ensino superior vem da modalidade presencial, com os mesmos pressupostos teóricos, metodologias e visões de mundo. Tanto no ensino presencial como no ensino a distância predominam a fragmentação do conhecimento, a transmissão de informações e a centralidade da ação pedagógica no professor. Inicialmente, a EaD reforça as mazelas teóricas da educação presencial, ampliando a visão distorcida da construção do conhecimento. Nessa modalidade, a ênfase está no conteúdo e nos materiais didáticos, sejam eles impressos ou digitais. No entanto, se os modelos pedagógicos e mentais dos principais responsáveis pela EaD continuarem os mesmos, será muito difícil preparar rapidamente profissionais para que possam atuar dentro de uma nova visão.

Na EaD, principalmente no setor privado, há uma necessidade de escalabilidade e de aumento do número de alunos atendidos para equilibrar custos e receita – o que dificulta a aplicação de metodologias mais personalizadas e, se não estivermos atentos, privilegia mais a padronização previsível e a formatação do conteúdo de processos do que a construção progressiva de maneira colaborativa. A busca de resultados e de lucratividade pode dificultar uma mudança mais profunda dos modelos personalizados e participativos. Mas isso não é um obstáculo instransponível, só torna mais complexo o processo de mudança.

Vencida a primeira etapa de aprender a fazer EaD, temos condições de rever os modelos conceituais vigentes e mudar o foco do conteúdo pronto, formatado anteriormente, para priorizar o aluno, a interação, a colaboração, a pesquisa e a realização de desafios.

Com o aprimoramento das tecnologias móveis e da banda larga, a próxima etapa de avanço tecnológico é a nos equiparmos com ferramentas confiáveis (*analytics*) para acompanhar de perto os diversos meios de aprendizagem dos alunos. Saberemos o que cada um prefere, como se organiza e o que o faz progredir mais. A consequência será a facilidade de se adaptar o currículo ao ritmo de cada aluno, ao seu estilo de aprendizagem. Passaremos do currículo igual para todos a currículos mais adaptados a cada estudante, tanto no modelo presencial como no de EaD. É a próxima etapa da internet, a denominada 3.0, que está apenas começando.

Também teremos uma comunicação audiovisual muito mais intensa, fácil e estimulante, que nos manterá conectados, mesmo que fisicamente distantes, com uma sensação de presença muito maior do que a experimentada até agora, denominada telepresença.

Para tornar a EaD mais estimulante, podemos avançar muito na personalização das propostas pedagógicas, mais abertas, com ênfase na aprendizagem colaborativa, em redes flexíveis e no respeito ao caminho de cada um. Em cursos de longa duração, como os de graduação, o aluno poderia ter seu orientador, como acontece na pós-graduação. Esse orientador seria o principal interlocutor responsável pelo percurso do aluno, podendo definir as disciplinas mais adequadas, as atividades mais pertinentes e os projetos de maior relevância.

Teremos cursos mais síncronos e outros mais assíncronos; alguns com muita interação e outros com roteiros predeterminados; uns com mais momentos presenciais e outros acontecendo via web. Essa flexibilidade de processos e modelos é fundamental para avançar mais, para nos adequar às inúmeras possibilidades e necessidades de formação contínua.

Diante da dificuldade de muitos alunos, com pouca autonomia intelectual, em se adaptar ao processo de aprendizagem a distância, seria possível um processo de entrada mais suave na EaD, começando com uma ambientação tecnopedagógica mais forte feita, em parte, presencialmente, em laboratórios, com uma ampla mediação tutorial.

O período inicial desses cursos teria uma carga horária presencial um pouco maior do que a habitual, e as atividades digitais seriam mais supervisionadas. Com essa transição mais suave do modelo presencial – a que os alunos estão habituados – para o ensino a distância, o nível de desistência seria bem menor nessa primeira etapa, os alunos não estranhariam tanto todas as mudanças e estariam mais preparados para trabalhar por projetos, desafios e atividades mais colaborativas.

Para possibilitar o avanço dos modelos pedagógicos na educação a distância e também na presencial, e viabilizá-los em longo prazo, é importante que as instituições assumam o mesmo modelo de currículo e oferta tanto no método presencial como no EaD. Além disso, é necessário elaborar um projeto estratégico único e integrado que permita a sinergia entre equipes, metodologias, conteúdo, infraestrutura e *marketing*.

O caminho é o da convergência em todos os campos e áreas: prédios (EaD também dentro de unidades presenciais – polos), integração de plataformas digitais e produção digital integrada de conteúdo (os mesmos materiais para as mesmas disciplinas do mesmo currículo).

Esse fator favorece a mobilidade de alunos e professores. Alunos podem migrar de uma modalidade para outra sem problemas, podem fazer algumas disciplinas comuns – alunos a distância e presenciais cursando disciplinas comuns. Professores podem participar das duas modalidades e ter maior carga docente. Isso permite maior interoperabilidade de processos, pessoas, produtos e metodologias, com grande escalabilidade, visibilidade e redução de custos. Os alunos poderão escolher o modelo que mais lhes convier, aprenderão mais e as instituições poderão oferecer um ensino de qualidade, moderno e dinâmico, a um custo competitivo.

Infelizmente predomina, ainda, na maioria das instituições, a inércia de repetir ano após ano os mesmos modelos de organizar os processos acadêmicos, os currículos, a maneira de dar aula e de avaliar. As mudanças são mais pontuais e periféricas do que profundas.

A combinação de inovação e redução de custos é poderosa e possível. As instituições que implantarem um modelo que equilibre economia e inovação serão vencedoras e avançarão muito mais rapidamente do que as que continuarem repetindo, ano após ano, os modelos convencionais.

Valente: A primeira preocupação nessa resposta é entender o que significa "preparar profissionais de educação". Em linhas gerais, significa criar condições para que o profissional da educação possa não só conhecer os aspectos teóricos ligados à área do conhecimento em que atua e conceitos sobre EaD, mas também vivenciar, experimentar e entender o significado de construir conhecimento mediado pela tecnologia, além de saber criar e gerir ambientes para que aprendizes vivenciem a espiral da aprendizagem (Valente, 2002) em diferentes dimensões: na relação consigo mesmo, na sua prática e na relação com a sua comunidade.

Assim, essa preparação deve acontecer em uma situação prática na qual esse profissional possa:

a) Vivenciar o processo de construção de conhecimento e estar consciente das condições e das ações que permitem essas construções. Para isso, é fundamental que o profissional esteja realizando uma prática de EaD mediata pelas TDIC. Com base nessa prática e com o suporte de especialistas (formadores), o profissional poderá construir conhecimento sobre teorias, noções de aprendizagem e também sobre como propiciar condições para que aprendizes possam construir conhecimento por intermédio das TDIC.

b) Vivenciar a espiral da aprendizagem – descrever as ações e os resultados obtidos com sua prática, refletir sobre esses resultados e procurar melhorar a prática com base nas teorias e no apoio recebido. A descrição tem a finalidade de documentar a ação realizada e servir tanto de diagnóstico sobre o que o profissional sabe (tanto em termos de conteúdo disciplinar quanto de prática educacional) como de objeto de reflexão. A reflexão sobre a ação não pode ser feita apenas com base em relato oral ("histórias de fachada") mas, principalmente, sobre a descrição de um plano para a ação e dos resultados desse plano.

c) Compreender a sua atuação como educador – o que implica desenvolver autonomia para relativizar, preservar, redimensionar e transformar os aspectos constituintes da sua prática pedagógica. Para isso, é fundamental que o profissional em formação confronte suas ideias com as dos colegas (momentos de descontextualização) e transcenda uma compreensão baseada na sua prática para uma compreensão mais global e profunda, relacionada com princípios e propósitos norteadores do trabalho educacional (Prado e Valente, 2011a;

Prado e Valente, 2011b). Nesse processo, o profissional poderá entender que existem outras maneiras e estilos de mediar a aprendizagem via TDIC.
d) Compartilhar com os grupos os processos vivenciados e os resultados obtidos. Esse profissional precisa lidar com a coexistência de concepções e valores educacionais distintos. Isso gera dúvidas, conflitos e muitas vezes o faz sentir-se solitário, sem apoio dos colegas e da instituição, para recriar dinâmicas inovadoras. Portanto, é necessário compartilhar seus momentos de dúvidas, questionamentos e incertezas com parceiros que o encorajem a ousar, mas de modo reflexivo, para que possa reconstruir um novo referencial pedagógico, ou seja, norteador de uma prática que concebe o uso das TDIC ou da EaD não apenas como um recurso para a modernização do sistema de ensino, mas, essencialmente, como uma alternativa para repensar e reverter o processo educativo tradicional.

Nesse contexto, as TDIC funcionam como meios essenciais para desenvolver o conhecimento, discutindo-o e socializando-o, pesquisar problemas educacionais, realizar projetos e redigir individual e coletivamente conhecimentos produzidos para a interação de colegas com a comunidade. Elas representam, ainda, um instrumento para registrar e executar as descrições das diferentes atividades que a sociedade e o profissional realizam.

A preparação do profissional para atuar na EaD acontece, portanto, em uma situação prática de auxiliar atividades de EaD, para que o domínio do técnico e do educacional não aconteça de modo estanque, ou seja, um separado do outro. É irrealista pensar em primeiro ser um *expert* em informática para depois tirar proveito desse conhecimento nas atividades pedagógicas. O ideal é que os conhecimentos técnicos e pedagógicos cresçam juntos, simultaneamente, um demandando novas ideias do outro. O domínio das técnicas se dá por meio das necessidades e das exigências do pedagógico, e as novas possibilidades técnicas criam aberturas para ele, constituindo uma verdadeira espiral ascendente na sua complexidade técnica e pedagógica.

Valéria: No construtivismo, além da interação (que vocês já comentaram), outro princípio importante é o da cooperação. Minha segunda pergunta é a seguinte: como promover a cooperação no ensino a distância? Qual é a melhor maneira de propor o trabalho em equipe, por exemplo? Quais são as melhores ferramentas, na EaD, para o trabalho em equipe? E como avaliar um trabalho dessa natureza?

Moran: A EaD tem ferramentas e possibilidades muito ricas de cooperação, como o fórum, o *chat*, a webconferência, o *e*-portfólio, entre outras. Depende apenas do projeto pedagógico. Até agora, a ênfase tem sido mais no trabalho e na avaliação individuais.

Atualmente, existem cursos focados mais na cooperação que trabalham com desafios, problemas e projetos. A internet tem hoje inúmeros recursos que combinam publicação e interação, por meio de listas, fóruns, *chats*, *blogs* e *wikis*.

A organização dos textos pode ser feita com o auxílio de algumas ferramentas colaborativas, como o *wiki* ou o Docs – programas que permitem a edição coletiva dos documentos. O Docs permite a várias pessoas, ainda que geograficamente distantes, trabalhar em um mesmo texto, criando e editando conjuntamente conteúdos na internet. Não há uma hierarquia preestabelecida entre autores: qualquer usuário pode adicionar conteúdos e também editar os conteúdos insertos por outras pessoas.

Além do direito ilimitado de edição, a vantagem é a possibilidade de trabalhar em um documento sem a necessidade de baixá-lo para o computador, editá-lo e enviá-lo novamente. Tudo é realizado *on-line*. O sistema controla todas as alterações, que ficam gravadas em um histórico. Assim, é possível retornar a uma versão anterior ou recuperar algo que foi excluído por engano.

O Docs é importante para a escrita colaborativa, construção de ideias em grupo, redação de histórias em grupo, aprimoramento do que um colega redigiu. Pode contribuir para o amadurecimento de uma classe, na medida em que permite que todos aprendam entre si. O professor pode acompanhar o crescimento do grupo, analisando as diferentes versões.

Outra ferramenta interessante na educação a distância é a de grupos, que permite discussões monitoradas ou não sobre temas importantes para uma classe ou grupos de interesse. Há casos em que as interações são mediadas pelo professor ou pelo responsável pela criação do grupo. Outros são mais democráticos: todos podem postar mensagens sem o controle de terceiros.

Outro recurso interessante de comunicação e publicação é o *blog*, que combina textos, imagens e colaboração. Atualmente, há um uso crescente dos *blogs* por professores, tanto na educação a distância como na presencial. Eles possibilitam a atualização constante da informação, pelo professor e pelos alunos, favorecendo a construção de projetos e pesquisas individuais e em grupo, bem como a divulgação de trabalhos.

Há diferentes tipos de *blogs* educacionais: discussão de *cases*, projetos, produção de textos, narrativas, poemas, análise de obras literárias, opinião sobre atualidades, relatórios de visitas e excursões de estudos, publicação de fotos, desenhos e vídeos produzidos por alunos.

Os professores podem comunicar-se diretamente com os alunos, mostrando materiais, discutindo-os, divulgando novas questões. Os alunos vão construindo seu processo de aprendizagem individualmente, em grupos ou por classes. O *blog* torna-se, então, um recurso importante para avaliar a evolução dos alunos ao longo de determinado tempo ou em certas áreas de conhecimento.

Outro recurso popular na educação é a criação de arquivos digitais sonoros, programas de rádio na internet ou *podcasts*. Trata-se de arquivos digitais que se assemelham a programas de rádio e podem ser baixados da internet por meio da tecnologia RSS, que "avisa" quando há um novo episódio colocado na rede e permite que ele seja baixado para o computador. Há *podcasts* em todas as áreas.

O *podcast* (programa de áudio ou vídeo digital) envolve produção, transmissão e distribuição, na internet, de arquivos de áudio ou vídeo que podem ser ouvidos ou vistos em aparelhos móveis, como mp3 e telefones celulares (*iphones*, *ipods*, por exemplo) ou em computadores pessoais. A utilização mais promissora do *podcast* acontece quando os alunos produzem seus próprios programas ou projetos e os divulgam. Participar como produtores de informação é muito mais importante para os alunos do que apenas acessar materiais prontos, mesmo que estejam bem elaborados. E como o *podcast* está no cotidiano dos jovens, e para eles sua linguagem é familiar e habitual, não há necessidade de capacitá-los com uma formação específica, como acontece para trabalhar em ambientes virtuais de aprendizagem, como o Moodle, por exemplo. Além disso, a linguagem do *podcast* é muito mais estimulante para o aluno do que apenas fazer leituras ou ouvir um professor, e a tecnologia permite também gravar a própria aula e disponibilizá-la na internet para *download*.

O *podcast* é muito interessante porque utiliza uma linguagem familiar aos alunos, como som, música, histórias e vídeo. Como novidade, motiva e atrai. Pode ser produzido e assistido em qualquer lugar e horário e repetido quantas vezes os alunos assim o quiserem, no ritmo de aprendizagem desejado. Pode ser usado dentro e fora da sala de aula.

Valente: Antes de iniciarmos essa discussão, é importante fazer uma distinção entre a aprendizagem cooperativa e a colaborativa. Se adotarmos uma visão piagetiana, cooperar significa operar junto, em comum, ou seja, ajustar por meio da coordenação de pontos de vista, de novas operações de correspondência, reciprocidade ou complementaridade, as operações executadas pelos parceiros (Piaget, 1973). Por outro lado, colaborar envolve um conjunto de ações realizadas isoladamente pelos parceiros, mesmo quando elas têm um objetivo comum. Assim, o conceito de cooperação é mais complexo na medida em que a colaboração está incluída nele, mas o contrário não se aplica.

A aprendizagem cooperativa passa a existir quando estudantes trabalham juntos para atingir objetivos de aprendizagem compartilhados. Existe, no entanto, uma grande diferença entre o trabalho em grupo e a estruturação dele para que haja aprendizagem cooperativa. Segundo Johnson e Johnson (1994), as condições para que atividades cooperativas sejam produtivas são:

1. Interdependência positiva claramente percebida pelos membros do grupo, ou seja, cada aprendiz entende que pode atingir seu objetivo de aprendizagem se e somente se os outros membros do grupo atingirem os seus objetivos.
2. Interação presencial construtiva, para que os participantes encorajem e facilitem o esforço de cada um para completar as tarefas e produzir para que o grupo possa atingir seu objetivo.
3. Entendimento claro de que cada aprendiz deve ter responsabilidade pessoal e de que sua *performance* pode ser avaliada no processo de atingir os objetivos do grupo.
4. Uso de habilidades interpessoais e de pequenos grupos que sejam relevantes ao trabalho, por exemplo, comunicar adequadamente, saber resolver conflitos de forma construtiva, aceitar e respeitar os colegas.
5. Reflexão e avaliação constante do funcionamento do grupo, para melhorar a sua *performance* futura, procurando descrever as ações de cada membro, e tomar decisões sobre o que deve ser alterado.

Embora essas condições tenham sido pensadas para as atividades presenciais, elas podem ser adaptadas para as situações de EaD. Para tanto, é necessário, primeiramente, que as ferramentas de EaD tenham características que facilitem a interação professor–alunos e entre alunos, a visualização e a possibilidade de comentar o trabalho dos colegas, a criação de atividades cooperativas, o registro das atividades que cada membro do curso realiza e a reflexão sobre as atividades realizadas, como é o caso dos Memoriais Reflexivos (Valente e Almeida, 2007).

Além das facilidades técnicas, é necessário que o curso tenha como base uma abordagem pedagógica que estimule a execução de atividades cooperativas. Por exemplo, o "estar junto virtual" pode ser expandido para permitir processos cooperativos de construção de conhecimento que acontece no ambiente virtual. As trocas entre os aprendizes podem ser, no início, apoiadas em atividades concretas que cada um realiza individualmente. Essas atividades podem não ser exatamente as mesmas para todos, mas devem versar sobre a mesma temática proposta pelo curso. Por exemplo, se o curso é sobre o emprego das TDIC na educação, cada participante ou grupo de participantes estará desenvolvendo atividades de implantação de algum tipo de tecnologia no seu contexto de trabalho, como em sua sala de aula, na gestão escolar ou mesmo para o seu próprio uso. Nesse sentido, existe uma prática em desenvolvimento, gerando problemas e desafios que são resolvidos com o apoio não só do professor, mas de outros participantes do curso. A realização dessas atividades práticas permite que o aprendiz traga para o curso o contexto da sua realidade. Isso acontece quando cada participante apresenta e discute os resultados da implantação de ideias que são trabalhadas no curso. Essas atividades, de acordo com o que foi definido anteriormente, podem ser entendidas como colaborativas.

O próximo passo para o estabelecimento cooperativo seria dado com base nos conhecimentos sobre as práticas e os interesses de cada um. Ou seja, pela criação de meios para que pessoas com afinidades pudessem desenvolver um trabalho cooperativo. Esse grupo se encontraria no espaço virtual para produzir algo que pudesse ser analisado, deixando claro o papel de cada membro da equipe nessa produção.

A avaliação individual seria feita com relação ao papel e às responsabilidades assumidas. O fato de a interação entre os membros do grupo ter sido realizada e registrada no ambiente virtual e ser mediada pela escrita (ou pela fala) facilita o processo de reflexão do grupo (e de cada participante) e a avaliação do processo de aprendizagem. A descrição das ações que cada um realiza via internet pode ser vista como um material a ser utilizado para a formalização das ideias, além de servir como objeto de reflexão, contribuindo para o enriquecimento das trocas entre os participantes. Esse material está registrado e pode ser dissecado, revisto, reelaborado e avaliado.

Valéria: Durante a 2009 World Conference on Higher Education, organizada pela Unesco em julho de 2009, em Paris, que contou com a presença de representantes de mais de 150 países, um dos temas centrais dos debates e do documento final do evento foi a importância de priorizar políticas que ampliem o acesso ao ensino superior, ao mesmo tempo que garantam a qualidade e a equidade na educação. Parece-me que o grande desafio a ser enfrentado é a busca pelo equilíbrio dessas três dimensões – acessibilidade, equidade e qualidade – para que a universalização do ensino e a democratização, que garante a diversidade nos espaços escolares, não comprometam a qualidade na educação. Como vocês veem a educação a distância nesse contexto?

Moran: Há um movimento claro na direção de tornar o ensino superior mais acessível à maioria dos jovens, um cenário que está melhorando, mas ainda é distante do ideal. Por outro lado, muitos adultos perderam sua oportunidade de estudar quando jovens e agora encontram na EaD a possibilidade de fazer sua primeira graduação ou a formação em nível médio (EJA). A média de idade dos alunos é de 30 anos. Metade é de pais de família que ganham até três salários mínimos. Isso mostra que a EaD na graduação atende uma população trabalhadora, pobre, que busca melhorar profissionalmente ou se qualificar melhor para evoluir na vida. Esses alunos precisam de flexibilidade curricular para estudar, deslocar-se e cuidar da família. O ensino presencial não consegue atender essa população mais adulta.

A EaD, antes vista como uma modalidade secundária ou especial, para situações específicas, destaca-se hoje como um caminho estratégico para realizar mudanças profundas na educação como um todo. É uma opção cada vez mais importante para aprender ao longo da vida, para a formação continuada, para a aceleração profissional, para conciliar estudo e trabalho.

Existem resistências e preconceitos, e ainda estamos aprendendo a gerenciar processos complexos de EaD, mas um país do tamanho do Brasil só pode conseguir superar sua defasagem educacional por meio do uso intensivo de tecnologias em rede, da flexibilização dos tempos e espaços de aprendizagem e da gestão integrada de modelos presenciais e digitais.

A EaD está modificando todas as maneiras de ensinar e aprender, inclusive as presenciais, que utilizam cada vez mais metodologias semipresenciais, flexibilizando a necessidade de presença física, reorganizando os espaços e tempos, as mídias, as linguagens e os processos.

A EaD é cada vez mais complexa, pois está crescendo em todos os campos, com modelos diferentes, rápida evolução das redes e mobilidade tecnológica, pela abrangência dos sistemas de comunicação digitais.

Temos a EaD com alta escalabilidade, que se expande nacional e internacionalmente, atendendo cada vez mais alunos, em maior número de cidades, perto de onde o aluno está. Elabora e desenvolve modelos adaptados a um grande número de participantes, com variedade de oferta e custos diluídos. Esse é o caminho de alguns grupos e marcas, que detêm mais da metade de todos os alunos.

As características desse modelo de massa são: quantidade, escalabilidade, atendimento simultâneo a muitos alunos, abrangência nacional e internacional, produto interessante para a maioria, boa dimensão e aceitação, baixo custo, fortes ações de captação e *marketing*.

Temos também a EaD para atendimento de segmentos específicos, regionais ou temáticos. As instituições atuam em áreas com competência comprovada. Focam públicos definidos. É a opção viável para a maior parte das instituições.

Um caminho possível que, até agora, não obteve êxito, embora já se tenha tentado várias vezes, é o de participar de consórcios e parcerias. É importante, mas difícil de conseguir, pois depende de sinergia de valores e capacidade de gerenciar diferenças pessoais e institucionais. Somente parcerias bem-sucedidas podem enfrentar, em médio prazo, os grandes grupos que atuam nacionalmente.

O grande problema da EaD é garantir uma educação de qualidade, assim como em muitas instituições presenciais. A EaD começou sem uma regulação específica. Alguns grupos enxergaram nela uma oportunidade de crescimento rápido e o fizeram sem tomar os devidos cuidados. Instalaram unidades de apoio ou polos em locais muitas vezes inadequados ou com parceiros pouco confiáveis.

Na fase atual, há uma regulação maior do MEC, com exigências visando garantir a qualidade dos docentes, o projeto pedagógico, a implementação e a orientação dos alunos. Com essa supervisão mais cuidadosa do Ministério da Educação, as instituições estão atentas para atender melhor às exigências – o que deve trazer mais confiabilidade ao sistema. A qualidade se comprova em médio prazo, por meio de avaliações regulares. Com o passar do tempo, os cursos a distância que investiram em qualidade colherão melhores resultados e serão reconhecidos, valorizados e mais prestigiados. Instituições sérias no presencial costumam agir com seriedade também nos cursos a distância. Por outro lado, aquelas com pouca credibilidade no presencial, geralmente, mantêm o descrédito na educação a distância.

Valente: Considerando as dimensões do Brasil e a quantidade de pessoas a serem educadas, a EaD tem sido vista como uma importante alternativa educacional. No entanto, como modalidade ou estratégia educacional, a EaD deve preservar todas as qualidades de uma boa educação, com o objetivo de possibilitar a cada pessoa desenvolver suas capacidades cognitivas, sociais, emocionais e viver em sociedade, exercitando sua cidadania plena. Todos os esforços e recursos disponíveis devem ser utilizados para que a EaD possa criar condições de formação de profissionais com qualidade.

Esse desafio apresenta questões que estão presentes na educação tradicional, bem como aspectos específicos, exacerbados pelas condições criadas pela separação física entre docente e professor, existente na EaD. Como foi discutido na primeira parte, a EaD pode ser realizada utilizando diferentes abordagens pedagógicas, apresentando os mesmos problemas da educação tradicional.

Contudo, a abordagem do "estar junto virtual" permite um tipo de formação que é muito difícil de ser realizado presencialmente, como o fato de poder trazer para o curso não só a realidade do aprendiz, como também usar o resultado da implantação dos conteúdos do próprio curso na realidade de cada participante; as interações entre professor e alunos e entre alunos serem mediadas pela escrita (ou pela fala), porém elas ficam registradas no ambiente de aprendizagem, o que pode servir como objeto de reflexão de outros colegas, contribuindo para o enriquecimento das trocas entre os participantes do curso; e o compartilhamento de ideias e experiências que pode existir entre os participantes do curso, facilitando a contextualização e descontextualização dos conteúdos abordados.

Embora o "estar junto virtual" tenha todas as características para permitir a implementação de uma solução educacional de alta qualidade, ela implica mudanças profundas nos processos de ensino e de aprendizagem. Nem mesmo a educação presencial foi capaz de implantar essas mudanças. Por outro lado, a presença constante de especialistas via rede apresenta-se como um recurso facilitador do processo de mudanças na escola, propiciando as condições para que o aprendiz construa conhecimento contextualizado em sua realidade de maneira contínua, tal como esperado em uma sociedade em que aprender e gerar conhecimento passa a ser o grande mote.

A análise de exemplos de cursos de EaD indica que na maioria das vezes os processos educacionais enfatizam a transmissão de informação em vez da construção de conhecimento. Em alguns casos, é possível que o aprendiz esteja construindo conhecimento, mas é necessário entender que essa construção individual vai até determinado ponto a partir do qual, por mais esforço que ele realize, o conteúdo não poderá ser assimilado. Nessa situação, certamente o aprendiz necessitará do auxílio de especialistas.

Esses exemplos de EaD permitem também entender que os meios tecnológicos podem ser combinados, possibilitando melhores condições para a interação professor-aprendiz. Como afirmam Maia e Meirelles (2011), a questão não é tecnológica. O que transparece é que a EaD ainda está muito vinculada ao atendimento de massa, de baixo custo, com a qualidade da educação sendo colocada em segundo plano. Além disso, para que haja interação efetiva entre professor e alunos é preciso que esse professor esteja preparado para entender o que significa construir conhecimento e disponha de tempo para poder interagir com cada um dos alunos da sua turma.

Assim, a EaD oferece grandes possibilidades educacionais. É necessário, porém, entender as especificidades de cada meio tecnológico utilizado e saber complementar as condições oferecidas para criar circunstâncias ideais para que o aprendiz possa construir seu conhecimento. O que está sendo oferecido atualmente deixa muito a desejar; nesse sentido, é fundamental poder reconhecer essas deficiências para que possamos avançar e que a EaD atinja estágios superiores de qualidade.

Valéria: Qual é a opinião de vocês sobre o conceito de aprendizagem baseada em problemas (ABP) e a abordagem que assume problematizações como ponto de partida para os processos de ensino e de aprendizagem? Como vocês veem a aproximação entre aprendizagem baseada em problemas e educação a distância?

Moran: A aprendizagem baseada em problemas, se bem implementada, serve tanto para a educação presencial como para a educação a distância. No Brasil, em cursos de longa duração, não temos educação a distância plena, pois há cada vez mais momentos presenciais – tutoria e avaliação. Os modelos predominantes são de educação semipresencial.

A EaD pode ser muito útil para tornar a ABP no presencial mais interessante. A pesquisa dos *cases*, a troca de informações e as primeiras discussões podem ser feitas pela internet, reservando os momentos presenciais para a apresentação dos resultados e discussões finais entre todos, supervisionados pelo professor.

Acompanhando uma dissertação de mestrado que avalia o uso de ambientes virtuais em curso de Medicina que adota o PBL, pude constatar como a integração de momentos presenciais com atividades a distância proporciona maior flexibilidade, diversidade de uso de espaços e tempos e possibilidade de registro e acompanhamento muito mais ricos e estruturados.

Algumas áreas de conhecimento, como a da saúde, não podem ter cursos de graduação totalmente a distância porque dependem muito de laboratórios, experimentação e acompanhamento de campo. Podem avançar muito se integrarem parte do currículo a distância com atividades presenciais. Quando se utiliza uma metodologia problematizadora, pode-se aplicar a mesma fórmula: equilíbrio entre atividades a distância e presenciais. O importante não é se as atividades são a distância ou presenciais, mas se os alunos conseguem aprender realmente em qualquer das modalidades. A metodologia PBL pressupõe cursos com número relativamente baixo de alunos e uma equipe séria de professores e orientadores.

A ABP será muito mais interessante, atraente e eficiente se utilizar um *mix* de cursos semipresenciais, o que não está oficializado na nomenclatura do MEC, no qual constem apenas cursos presenciais ou a distância. O caminho da educação superior é o de oferecer cursos semipresenciais à maioria das pessoas e, para aqueles que moram longe da instituição ou precisam de maior mobilidade, as atividades serão predominantemente a distância.

Com o avanço dos recursos de comunicação audiovisual e de telepresença, poderemos chegar a uma educação a distância bastante interconectada que nos coloque em ambientes digitais hiper-realistas, estimulantes, ao vivo ou gravados, nos quais será possível uma comunicação muito rica, mesmo distantes fisicamente, fazendo-nos sentir participantes da mesma experiência. Aí a riqueza do compartilhamento será semelhante à do presencial, permitindo que cursos como os de saúde possam realizar projetos de educação a distância bem mais impactantes que os atuais. E isso afetará a toda a EaD.

Nossos ambientes de aprendizagem ainda precisam evoluir muito para que, quando conectados, participemos de experiências vivas e ricas de intercâmbio, discussão e simulação, que experimentamos nos melhores momentos do presencial. Caminhamos para esse cenário, mas ele ainda não está pronto para o uso educacional. Começamos a percebê-lo nos encontros empresariais por videoconferência com telepresença, em que temos a sensação de compartilhar a mesma mesa de reuniões, apesar de distantes. Aí, sim, a EaD será muito mais empolgante, pois incorporará o conceito de presença forte e de flexibilidade de processos.

Valente: O trabalho com projetos pode ser entendido como a tentativa de unir a vida à escola, criando situações concretas e oportunidades para o aluno "aplicar conteúdos" e não "ser ensinado sobre conteúdos". É uma maneira de contextualizar o processo de aquisição e uso de conhecimentos, propiciando ao aprendiz a chance de poder desenvolver habilidades para resolver problemas, criar estratégias e, com isso, poder atribuir significado ao conceito que está sendo trabalhado. Assim, ele – desde o início da sua formação – terá a oportunidade de criar e desenvolver autonomia para definir e implementar projetos, como deverá acontecer na sua vida profissional.

As facilidades técnicas dadas pelos computadores possibilitam a exploração de um leque ilimitado de ações pedagógicas, inclusive o desenvolvimento de projetos, permitindo uma ampla diversidade de atividades que podem ser realizadas por professores e alunos. Por exemplo, por intermédio das TDIC, os alunos podem ter acesso à informação existente na internet, resolver problemas usando *software* de simulação ou linguagens de programação, comunicar-se com outras pessoas ou mesmo realizar atividades educacionais por meio de sistemas de educação a distância (Valente, 2003).

Na abordagem do "estar junto virtual", como foi mencionado, é necessário que o aprendiz esteja engajado na resolução de um problema ou projeto. Nessa situação, diante de alguma dificuldade ou dúvida, o professor poderá auxiliar o aluno via rede. As interações entre professor e alunos e entre alunos são bastante intensas, permitindo realizar acompanhamento e criar condições para o professor "estar junto", ao lado do aluno, vivenciando e auxiliando-o a resolver seus problemas, porém virtualmente.

Nesse caso, os problemas que são tratados e resolvidos emergem das atividades práticas, das ações que os aprendizes realizam no seu contexto de trabalho ou de sua prática. Então, entendo que essa abordagem de EaD pode ser vista como um processo de aprendizagem baseada em problemas. Esses problemas, no entanto, não são propostos pelo professor ou responsável pelo curso, mas encontrados pelo aprendiz ao tentar aplicar, em situações práticas, os conhecimentos adquiridos no curso.

A diferença entre a resolução de problemas no "estar junto virtual" e o ABP tradicionalmente conhecido é que o problema não parte do professor nem foi definido *a priori* pela organização do curso, mas nasce do contexto do aprendiz. A vantagem é que o problema terá um significado mais concreto para o aprendiz. A desvantagem é que ele não terá a chance de trabalhar problemas que não emergem apenas do seu contexto. Para superar essa deficiência, o professor poderá socializar alguns problemas de outros aprendizes que podem ser úteis para expandir a aprendizagem dos demais participantes, ou mesmo propor problemas não emergiram de nenhum contexto dos aprendizes, como forma de ampliar os conhecimentos dos participantes do curso.

Referências bibliográficas

JOHNSON, R. T.; JOHNSON, D. W. "An overview of cooperative learning". *In*: THOUSAND, J.; VILLA, A.; NEVIN, A. (Eds.). *Creativity and collaborative learning*. Baltimore: Brookes Press, 1994. Disponível em: <http://www.co-operation.org/?page_id=65>. Acesso em: 19 maio 2011.

MAIA, M. C.; MEIRELLES, F. S. "Estudo sobre educação a distância e o ensino superior no Brasil". *In*: X CONGRESSO INTERNACIONAL DE EDUCAÇÃO A DISTÂNCIA, 2004, Salvador. Abed, 2004. Disponível em: <http://www.abed.org.br/congresso2004/por/htm/137-TC-D2.htm>. Acesso em: 19 maio 2011.

PIAGET, J. *Estudos sociológicos*. Rio de Janeiro: Forense, 1973.

PRADO, M. E. B. B.; VALENTE, J. A. "A educação a distância possibilitando a formação do professor com base no ciclo da prática pedagógica". *In*: MORAES, M. C. (Org.). *Educação a distância: fundamentos e práticas*. Campinas: Nied-Unicamp, p. 27-50, 2002. Disponível em: <http://www.nied.unicamp.br/oea>. Acesso em: 19 maio 2011a.

_____. "A formação na ação do professor: uma abordagem na e para uma nova prática pedagógica: a educação a distância possibilitando a formação do professor com base no ciclo da prática pedagógica". *In*: VALENTE, J. A. (Ed.). *Formação de educadores para o uso da informática na escola*. Campinas: Nied-Unicamp, p. 21-38, 2003. Disponível em: <http://www.nied.unicamp.br/oea>. Acesso em: 19 maio 2011b.

VALENTE, J. A. "A espiral da aprendizagem e as tecnologias da informação e comunicação: repensando conceitos". *In*: JOLY, M. C. (Ed.) *Tecnologia no ensino: implicações para a aprendizagem*. São Paulo: Casa do Psicólogo, 2002. p. 15-37.

_____. "Pesquisa, comunicação e aprendizagem com o computador. O papel do computador no processo ensino-aprendizagem". *In*: ALMEIDA, M. E. B.; MORAN, J. M. (Org.). *Integração das tecnologias na educação*. Brasília: Salto para o futuro, Secretaria de Educação a Distância – Seed. Ministério da Educação, 2003. Disponível em: <http://www.tvescola.mec.gov.br/images/stories/publicacoes/salto_para_o_futuro/livro_salto_tecnologias.pdf>. Acesso em: 10 maio de 2011.

VALENTE, J. A.; ALMEIDA, M. E. B. (Ed.). *Formação de educadores a distância e integração de mídias*. São Paulo: Avercamp, 2007.

------ dobre aqui ------

Carta-resposta
9912200760/DR/SPM
Summus Editorial Ltda.
CORREIOS

CARTA-RESPOSTA
NÃO É NECESSÁRIO SELAR

O SELO SERÁ PAGO POR

AC AVENIDA DUQUE DE CAXIAS
01214-999 São Paulo/SP

------ dobre aqui ------

CADASTRO PARA MALA DIRETA

Recorte ou reproduza esta ficha de cadastro, envie-a completamente preenchida por correio ou fax, e receba informações atualizadas sobre nossos livros.

Nome: _____ Empresa: _____
Endereço: ☐ Res. ☐ Coml. _____ Bairro: _____
CEP: _____ - _____ Cidade: _____ Estado: _____ Tel.: ( ) _____
Fax: ( ) _____ E-mail: _____ Data de nascimento: _____
Profissão: _____ Professor? ☐ Sim ☐ Não Disciplina: _____

1. Você compra livros por meio de:
☐ Livrarias ☐ Feiras
☐ Telefone ☐ Correios
☐ Internet ☐ Outros. Especificar: _____

2. Onde você comprou este livro?
_____

3. Você busca informações para adquirir livros:
☐ Jornais ☐ Amigos
☐ Revistas ☐ Internet
☐ Professores ☐ Outros. Especificar: _____

4. Áreas de interesse:
☐ Educação ☐ Administração, RH
☐ Psicologia ☐ Comunicação
☐ Corpo, Movimento, Saúde ☐ Literatura, Poesia, Ensaios
☐ Comportamento ☐ Viagens, *Hobby*, Lazer
☐ PNL ☐ Cinema

5. Nestas áreas, alguma sugestão para novos títulos?
_____

6. Gostaria de receber o catálogo da editora? ☐ Sim ☐ Não

Indique um amigo que gostaria de receber a nossa mala direta

Nome: _____ Empresa: _____
Endereço: ☐ Res. ☐ Coml. _____ Bairro: _____
CEP: _____ - _____ Cidade: _____ Estado: _____ Tel.: ( ) _____
Fax: ( ) _____ E-mail: _____ Data de nascimento: _____
Profissão: _____ Professor? ☐ Sim ☐ Não Disciplina: _____

Summus Editorial
Rua Itapicuru, 613 7º andar 05006-000 São Paulo - SP Brasil Tel. (11) 3872-3322 Fax (11) 3872-7476
Internet: http://www.summus.com.br   e-mail: summus@summus.com.br